Cómo hacer tu trabajo de fin de grado

CÓMO HACER TU TRABAJO DE FIN DE GRADO

Guía paso a paso para escribir tu TFG con éxito

Paulina Cierlica

© 2018, Paulina Cierlica

ISBN-13: 978-84-09-05296-7

https://comohacertutfg.com
paulina@comohacertutfg.com

Diseño de cubierta: creativewings - Fiverr
Diseño y maquetación: MarianaEguaras.com

Impreso por Amazon - *Printed by Amazon*

Contenido

¿Por qué te interesa este libro?

Porque tienes que escribir y presentar el TFG sí o sí, ya que sin él no acabarás la carrera. Pero escribirlo se hace duro, sobre todo cuando no recibes tanto apoyo cuanto quisieras de parte de tus tutores. Vamos, hacer el TFG no es un camino fácil, lleno de pétalos de rosas y de alegrías.

Pero gracias a este libro verás que es posible elaborar tu TFG, aprobarlo y acabar la carrera sin que te tires por la ventana en el proceso. Es un recurso antiagobio para todos los que tienen que hacer su TFG. Todo el contenido que encontrarás aquí va a ser sencillo, útil, entendible, paso a paso y enfocado a que consigas tu objetivo que es presentar el TFG. En pocas palabras: te voy a explicar en qué consiste el TFG y te enseñaré paso a paso cómo hacerlo.

Te explicaré:
- por dónde empezar tu TFG;
- cómo elegir un buen tema;
- cómo hacer una propuesta sólida y redactar un plan de trabajo viable;
- dónde buscar los materiales;
- cómo preparar tu bibliografía de partida en un día;
- cómo redactar todas las partes de tu trabajo;
- a qué prestar atención a la hora de revisar tu TFG;
- y mucho, mucho más.

El objetivo principal de este libro es darte suficiente claridad para que puedas escribir tu TFG sin agobios.

Obviamente no podré decirte cómo escribir tu trabajo con detalle (no soy experta en todos los campos de estudio), pero este libro te mostrará el camino para que te quede claro cómo dar tus primeros pasos, uno tras otro, en el orden adecuado. En él encontrarás esa pieza clave que te permitirá arrancar con el TFG, hacerlo bien y presentarlo a tiempo.

¿A quién va dirigido este libro?

Este libro es para ti si:

- Estás desesperado con tu TFG.
- Te da miedo empezar el trabajo porque no sabes por dónde tirar.
- O has conseguido arrancar, pero te has bloqueado y no hay forma de que sigas para adelante.
- Estás muy perdido y necesitas un empujón porque tienes un cacao monumental.
- Te gustaría quitarte de encima el dichoso TFG o por lo menos tener claro cómo hay que hacerlo, pero de momento en todo lo que rodea el tema tienes una sensación de confusión generalizada.
- Te encantaría que alguien te explicara paso por paso qué hay que hacer.

Si te has sentido identificado, no eres el único que se siente así. Te aseguro que la mayoría de los estudiantes que tienen que presentar el TFG vive en un estado de agobio permanente. Y yo lo entiendo. Es que nadie te enseña cómo narices hacer el dichoso trabajo. Tú solito tienes que sacarte las castañas del fuego y la única orientación que te dan es seguir los pasos de la guía (que, por cierto, no hay dios quien la entienda).

Vamos, tal y como está montado todo, hacer el TFG resulta una tortura cuando realmente debería ser motivador. Por eso he decidido escribir este libro y ayudar a todos los que andan perdidos y acompañarlos en el camino a conseguir su meta que es presentar un TFG bien hecho y empezar una nueva etapa de su vida ya después de la universidad. Si necesitas ayuda con tu TFG, este libro es para ti.

¿Por qué te puedo ayudar yo?

Soy doctora en Filología Hispánica, así que he tenido que hacer mi propia tesis lo que significó currarme un trabajo original de investigación de más de 300 páginas. Bueno, no hay nada especial en eso, excepto una cosa: tardé 6 años en escribir mi tesis doctoral porque me bloqueé por completo.

Escribir se convirtió en una tortura para mí. No era capaz de escribir ni una sola palabra. Nada. Miraba la hoja en blanco igual que las vacas miran como pasa un tren. Aunque tuve suerte porque mi directora me apoyó y me ayudó muchísimo durante todo el proceso, yo me sentía como si en vez de escribir la maldita tesis en el ordenador la tallara en piedra. Letra a letra.

Mientras que yo luchaba con mi tesis, mi marido luchaba con su TFG de Psicología. Viví de primera mano el caos relacionado con el dichoso trabajo de fin de grado. Para vencer mi bloqueo comencé a estudiar todo lo que pillaba sobre cómo hacer un trabajo de investigación y compartía mis hallazgos con mi marido. Los dos por fin conseguimos nuestras respectivas titulaciones. Pero me di cuenta de una cosa: el tema TFG era un drama.

Y no solo el TFG. En realidad el drama es aplicable a la elaboración de cualquier trabajo académico. Tengo mi propia opinión sobre los trabajos académicos en general y el TFG en particular.

Creo que:

- Los estudiantes no tienen ni idea cómo elaborar un TFG y nadie les explica paso por paso cómo hacerlo.

- Muchos tutores no dan señales de vida y la única orientación que te dan es seguir los pasos de la guía.
- La persona que ha escrito esa guía es la misma que escribe el BOE: ni Dios se aclara de qué trata y qué (y cómo) hay que hacer.
- La gente piensa que los trabajos académicos tienen que estar redactados con el mismo lenguaje que la guía.
- También se piensa que un trabajo cuanto más extenso, más profundo y con más valor.
- Aunque en pocos casos influya en tu futura vida laboral, sin el maldito TFG no puedes terminar la carrera y comenzar una nueva etapa de tu vida.

Pero también pienso que:

- Los profesores andan hasta arriba de corregir los exámenes, tutorizar mil trabajos de fin de grado, otros tantos de fin de máster y unas cuantas tesis doctorales.
- Se les asignan tantos alumnos que no pueden dedicar tiempo suficiente a cada uno de forma individual ni ofrecerles unas tutorías en condiciones.
- A la gente se le puede explicar un tema serio y complejo de forma amena y clara.
- Escribir con un lenguaje que no entiende ni Dios no te hace mejor investigador: un buen trabajo de investigación debe ser conciso, claro y perfectamente entendible para los investigadores del campo de estudio en cuestión.
- El valor de un trabajo académico no se debería medir a granel: no debería importar el número de páginas, sino si el tema que trata se ha abordado con suficiente profundidad y exactitud. Creo que eso ahorraría mucho tiempo (y algún que otro trauma) tanto a los tutores como a los alumnos: es mejor leer (o escribir) menos páginas, pero que vayan directas al

grano que cientos de folios con una información absurda de relleno, ¿no?

- El TFG no es el gran proyecto de tu vida profesional, sino un trabajo sencillo con el que debes demostrar que has aprendido cómo escribir y desarrollar un trabajo de investigación.

En definitiva, el sistema está mal. Por eso en noviembre de 2016 empecé a escribir un blog en el que compartía mis conocimientos sobre cómo hacer trabajos académicos. Mi objetivo era ayudar a todos los estudiantes que andan perdidos a hacer un buen TFG.

Durante seis meses (hasta mayo de 2017) cada semana colgaba un artículo en el que explicaba desde cómo y dónde buscar la bibliografía, por cómo redactar el trabajo, hasta cómo citar en formato APA. Llegué a reunir 500 seguidores y mucha gente me enviaba mensajes de agradecimiento por los consejos que estaba compartiendo. Cuando terminó la época de presentar el TFG, muchos me escribieron diciendo que gracias a estos consejos sus tutores les habían felicitado por su trabajo.

Te preguntarás qué pasó con el blog y por qué ya no lo escribo si a la gente le encantaba. El blog sigue vivo, aunque con una temática distinta. Escribir sobre cómo hacer el TFG me divertía mucho, pero es un tema finito. Me refiero a que una vez que explicas todo, no hay muchas más cosas que añadir. Sería difícil escribir sobre el TFG durante años. Yo quería un blog que fuera un proyecto a largo plazo. Además, siempre quería escribir libros, pero nunca me atrevía a hacerlo. Así que tomé la decisión de cambiar la temática del blog y reunir el antiguo contenido en un ebook.

Sin embargo, el ebook que tienes entre las manos no es solo un recopilatorio de los antiguos artículos del blog. Aquí encontrarás muchísimo más contenido, mucho más detallado y explicado paso a paso. Pero recuerda que toda teoría tiene su momento de pasar a la práctica. Aunque el contenido de este libro sea muy práctico y explicado de forma más clara posible, si no pones manos a la obra y no empiezas a escribir tu TFG, no lo vas a tener listo a tiempo por arte de magia. Así que disfruta de la lectura, pero no te olvides de pasar a la práctica (que básicamente se reduce a sentar el culo, investigar, planificar y escribir).

Que la suerte (y la fuerza, je, je) te acompañe.

Paso 1: Prepara el terreno

Tu objetivo: saber qué tienes que hacer y cuándo debes presentar tu trabajo

Preparar el terreno es tu primer paso a la hora de afrontar el TFG. ¿En qué consiste este paso? En saber qué tienes que hacer y cuándo debes presentarlo. Ya que no se trata de escribir cualquier cosa y presentarla cuando sea, tienes que saber qué tipo de trabajo debes escribir.

Hacer el TFG es un proceso largo. Por lo general es una asignatura cuatrimestral, pero desde que la matriculas hasta que la apruebas pasa mucho tiempo. El procedimiento (en la UNED) suele ser el siguiente:

Primero matriculas el TFG (que por lo general suele ser al principio del año académico julio-octubre, aunque hay excepciones, así que entérate bien cuándo te toca hacerlo).

Luego debes solicitar la línea de investigación (suele ser en octubre o con la matrícula, pero insisto en que compruebes bien las fechas de tu centro). En general debes poner varias opciones según tu preferencia, porque tú solicitas la línea, pero no sabes cuál al final te van a asignar. Por eso entérate de la fecha límite en la que te confirman qué línea te ha tocado.

Una vez que te confirmen la línea de investigación, te asignan un tutor. Te suelen confirmar la línea a finales de noviembre y asignarte un tutor a finales de enero (y las tutorías suelen empezar en febrero). Una vez más, yo solo te oriento más o menos, mira el cronograma del TFG de tu centro para saber las fechas exactas.

Cuando tengas la línea y el tutor, tú sueles proponerle el tema del TFG que quieres investigar. Aunque ojo porque eso depende. No suele ser lo habitual, pero hay tutores, centros o líneas de investigación en los que te manden un tema concreto.

Cuando el tutor te dé el visto bueno a tu tema, ya te puedes poner a investigar más a fondo.

Como te he dicho, esto suele ser así en la UNED, aunque, por ejemplo, en la Complutense de Madrid es parecido: en julio-octubre matriculas el TFG, eliges la línea y el tutor y hasta febrero no te pones en contacto con él (ya que el TFG es una asignatura del segundo cuatrimestre). De todas formas mira bien cómo es este procedimiento en tu centro para que no se te pase ninguna fecha importante.

Capítulo 1: Problemas más comunes en esta etapa

Como puedes ver, el proceso es largo. El problema es que desde que matriculas el TFG en octubre, realmente no te puedes poner a investigar hasta febrero cuando ya sabes qué línea te ha tocado, qué tutor te han asignado y este tutor te ha aprobado el tema.

¿Eso significa que no puedes hacer nada hasta febrero? No necesariamente. Puedes prepararte el terreno enterándote, por ejemplo, de todas las fechas importantes para presentar tu TFG a tiempo y sin agobios.

Hablemos ahora de los problemas más frecuentes en esta etapa. Primero te los describiré brevemente uno por uno y en los capítulos posteriores te diré cuáles son las posibles soluciones.

No sabes las fechas límite ni la normativa

El TFG es una asignatura del segundo cuatrimestre, pero eso no significa que te quedes de brazos cruzados hasta febrero.

Te recomiendo que aproveches todo el tiempo desde septiembre hasta que tengas que ponerte en contacto con tu tutor por primera vez. Si el ansia de orientarte un poco te puede, empieza incluso el curso anterior. Lo único que si empiezas tan pronto, ten en cuenta que algunas cosas pueden cambiar ligeramente cuando te toque matricular tu TFG, así que estate atento a las modificaciones (por si las hay).

Desconoces qué formato debes aplicar

Un error muy común es pensar que puedes presentar tu trabajo de cualquier manera. Que te basta con escribirlo en el Word y ya está.

Si piensas eso, tienes un problema porque además de conocer las fechas límite y la normativa, deberías saber cuál es el formato y la estructura del trabajo que te exige tu centro de estudios. Como te he dicho, no se trata de presentar cualquier cosa. Tu trabajo debe ajustarse al formato exigido por tu centro.

No tienes ni idea en qué consiste el TFG ni cuánto tiempo requiere

Este es el problema estrella de esta etapa. Ya que el TFG es tu primer trabajo «serio», suele pasar que cuando te toca ponerte manos a la obra, te das cuenta de que en realidad no tienes ni idea de qué va lo del TFG.

Empiezan a surgirte mil preguntas como:
- ¿En qué consiste el TFG y cuál es su objetivo?
- ¿Qué se supone que debo demostrar con mi trabajo?
- ¿Qué es lo más importante?
- ¿Cuánto tiempo requiere hacer todo el trabajo?

Es normal que tengas todas estas dudas ya que probablemente nunca antes hayas tenido que hacer este tipo de trabajo. Para que no te pille el toro y no te agobies cuando sea tarde, entérate bien en qué consiste el TFG **antes de ponerte a escribir**, por ejemplo, cuando estés esperando que te asignen la línea y el tutor. Cuanto antes sepas de qué va la cosa, más tranquilo y seguro vas a ir luego.

No sabes qué requisitos debe cumplir ni cuáles son las partes de un trabajo de investigación

Seamos sinceros, el panorama es el siguiente: el próximo curso te toca el maldito TFG y no tienes ni idea cómo va, estás perdido, asustado y solo con pensar en el tema te da ufff... Porque nadie te ha enseñado cómo se hace y en qué consiste un trabajo de investigación. A veces, por desgracia, las explicaciones docentes brillan por su ausencia.

Pero no te preocupes porque más adelante te voy a facilitar un poco la vida y te explicaré cómo es y en qué consiste un trabajo de investigación modelo. Para que te quedes con lo más esencial y tengas tu terreno bien preparado.

Capítulo 2: 2 consejos fundamentales para empezar el TFG con buen pie

1. Entérate qué y cuándo debes hacer

Mi consejo es que lo primero primerísimo que hagas sea **mirar las fechas y la normativa**. Busca esta información en la página web de tu centro. Todos los departamentos suelen colgar una guía general sobre la elaboración del TFG en la que te vienen todas las fechas importantes y los requisitos que debes cumplir para matricular la asignatura.

A veces cuelgan una guía general para todas las líneas de investigación y una específica para cada línea.

En la general te suelen indicar los requisitos para matricular el TFG y en la específica vienen los plazos y el procedimiento que no tienen por qué ser iguales para todas las líneas. Esta guía específica es la misma a la que te remite tu tutor cuando te dice que la leas que ahí viene todo.

Volviendo a las fechas, de verdad míralas bien **con antelación** y asegúrate de que **todo** te queda clarísimo. Y cuando digo todo, me refiero a **todo**. Necesitas saber:

* cuándo tienes que matricular el TFG;
* cuándo tienes que elegir la línea de investigación;
* cuándo te asignan un tutor;
* cuándo te tienes que poner en contacto con él;

- quién y cuándo elige el tema de tu trabajo;
- cuándo tienes que ir entregando las partes del TFG;
- cuándo te lo va a corregir tu tutor;
- hasta cuándo tienes tiempo para incluir estas correcciones en la versión final;
- cuál es la fecha límite para presentarlo;
- cuándo es la defensa.

Anota bien todas estas fechas (o imprime la hoja en la que viene todo) y pon tu nota en un sitio visible para que puedas consultarla cuando haga falta.

Yo casi no llego a tiempo con mi tesis doctoral por no mirar bien las fechas, con eso te lo digo todo, je, je, je. Así que, en serio, asegúrate de que tienes tiempo suficiente para preparar, escribir, revisar y corregir tu TFG tranquilo y sin agobios. Además, si conoces todas las fechas, podrás planificar bien todas las etapas de elaboración de tu trabajo.

2. Infórmate qué formato y estructura del TFG te exige tu centro

Normalmente en la guía de elaboración del TFG los centros especifican (aunque no siempre) el formato y la estructura que debes aplicar.

En cuanto al **formato** te suelen indicar cosas como:
- qué extensión debe tener tu trabajo (cuántas páginas);
- qué tipo y tamaño de fuente puedes utilizar (por ejemplo, Arial 11 pt. o Times New Roman 12 pt.);
- qué interlineado debes aplicar (casi siempre suele ser 1,5);
- cómo configurar los márgenes (por ejemplo, superior, inferior y derecho 2,5 cm; izquierdo 3 cm);

- dónde colocar los números de página (¿en la parte inferior de la hoja o arriba?);
- qué formato deben tener las citas largas (¿deben ir con una fuente más pequeña y diferente interlineado?);
- cómo tiene que ser la portada y qué información debes poner en ella (¿el título del trabajo, tu nombre y apellidos, el nombre y los apellidos del tutor?).

La **estructura** se refiere más bien a las partes que debes incluir en el trabajo y el orden en el que debes presentarlas. Es decir:

- qué extensión debe tener el resumen (abstract);
- dónde colocar la página de agradecimientos;
- dónde poner el índice de contenido o de tablas y figuras;
- dónde deben ir los anexos, etc.

Míralo y desde el principio aplica el formato exigido. Si en tu guía no pone nada y tu tutor no te resuelve tu duda, puedes aplicar el formato elaborado por la Asociación Americana de Psicología (American Psychological Association), es decir, APA.

El estilo APA son las directrices que los autores deben seguir para publicar sus textos e investigaciones. Estas directrices afectan a todos los aspectos de un trabajo de investigación: desde los aspectos relacionados con la redacción y el formato de cada apartado, hasta las indicaciones para las referencias bibliográficas.

Aunque se trata de estándares de publicación aplicados sobre todo a las ciencias sociales, el estilo APA se ha extendido a otras disciplinas y se utiliza en todo el mundo. Así que si de verdad en la guía de elaboración del TFG de tu centro no pone nada acerca del estilo y tu tutor tampoco te ayuda, es muy buna opción echar mano del manual APA. El original y el más completo está en inglés y se titula *Publication Manual of the American Psychological Association*. Lo más seguro es que lo tengan en la biblioteca de tu centro. Si no, lo encuentras sin problemas en Amazon.

Otro consejo útil cuando no encuentras información relacionada con el formato que debes aplicar en tu TFG es mirar los trabajos de otros años o las publicaciones y las investigaciones de autores conocidos en tu campo de estudio. Normalmente si te metes en el catálogo electrónico en la página web de la biblioteca de tu universidad, en búsqueda avanzada puedes filtrar por trabajos académicos o tesis. Echa un vistazo a los trabajos de otros años o a los artículos de revista de tu disciplina y fíjate en el formato que siguen los autores de estas publicaciones.

Capítulo 3: En qué consiste el TFG y cuánto tiempo requiere

Para enterarte de qué va todo, husmea en Internet, busca información en la página web o en el campus virtual de tu centro. Sé que, por ejemplo, los alumnos de la UNED han creado en Facebook varios grupos dedicados al TFG según la carrera. Hay grupos de trabajo de fin de grado de Antropología, Psicología, ADE, Educación Social, Trabajo Social, Geografía e Historia, etc. Busca el de tu carrera, pide que te admitan y lee las publicaciones de la gente que ya ha hecho y defendido el trabajo. Encontrarás consejos muy útiles y, además, cuando te surja alguna duda, podrás ponerla en el grupo y seguro que la gente te responde. Yo conozco los grupos de la UNED y de la UNIR, pero me imagino que otras universidades también tendrán los suyos.

Por mi parte, a continuación te explicaré de qué va el rollo del TFG (en general) y a qué aspectos debes prestar más atención.

En qué consiste el TFG y cuál es su objetivo

Simplificando bastante, el trabajo de fin de grado consiste en desarrollar una investigación sobre un tema en concreto. Ya está. Te ha quedado claro, ¿verdad? Ja, ja, ja. Es broma. Te explicaré algo más.

Se trata de una **redacción por escrito en la que debes incluir explicaciones, teorías, ideas, razonamientos y**

apreciaciones sobre una temática concreta. Esta redacción debe abarcar básicamente estos 6 puntos:

1. Introducir al lector de tu trabajo en el tema que vas a tratar

Se trata de dar unas pinceladas generales y las más relevantes sobre el tema que vas a estudiar. No te olvides de que el lector de tu trabajo es tu tutor (u otro investigador), por lo que no hace falta que le expliques todo. Pero sí estaría bien trazar un panorama general en el que describes brevemente qué se ha hecho hasta ahora en el campo de tu investigación (es decir, cuáles son los estudios y los resultados más importantes, qué falta por investigar, etc.).

Trazar este panorama general se llama **describir el estado de la cuestión** y se suele incluir en la introducción o en el marco teórico (te explico en detalle cómo escribir estos apartados en el paso 3, en los capítulos «Cómo escribir una buena introducción de tu trabajo» y «8 claves para redactar el marco teórico y 6 métodos para estructurar la información de forma lógica y ordenada»).

2. Mostrar tu hipótesis y tu objetivo

Tu lector tiene que saber qué quieres demostrar, investigar o comprobar. En pocas palabras, **de qué va tu trabajo**.

Otra vez simplificando bastante, **la hipótesis es una suposición que tienes sobre un tema** (en este caso, sobre el tema que vas a tratar en tu trabajo). No es una suposición que te viene de la nada por ciencia infusa ni tu opinión personal. Repito y grábatelo a fuego: **la hipótesis no es tu opinión**

personal. Aunque sea una suposición que haces de entrada y que luego vas a investigar más a fondo, tiene que basarse en algunos datos, en algunos estudios. Vamos, en algo que ya has leído sobre el tema. No es algo que dices tú porque así te parece, sino algo que has deducido de la literatura disponible sobre el tema. Ahora, no hace falta que al principio leas un montón de investigaciones. Eso ya lo harás después. Pero sí tienes que basarte en algunos datos.

Quédate con que la hipótesis es la base de tu trabajo relacionada directamente con tu objetivo, tu propósito. Al profundizar en el tema, la podrás confirmar o rechazar. Porque no te olvides de que tus experimentos o la lectura más profunda sobre el tema pueden refutar lo que parecía cierto al principio. De hecho, este es el propósito de un trabajo de investigación: investigar y comprobar si lo que parece cierto, lo es.

Voy a ponerte un ejemplo. Imagínate que se trata de un trabajo sobre el periodismo (no tengo ni idea sobre el tema, pero es solo para explicarte a qué me refiero cuando te digo que debes apoyar tu hipótesis en algo sólido). Has encontrado un estudio que dice que no todos los diarios norteamericanos muestran la misma calidad informativa y, además, esta calidad no depende de la habilidad del periodista que escribe la noticia, sino de las fuentes que utiliza. Entonces tu hipótesis puede ser que en España sucede lo mismo, que la calidad de la noticia varía según cada diario y depende de las fuentes informativas.

Fíjate que no es una suposición que se te haya ocurrido de la nada, sino que te has apoyado en un estudio o unos datos que avalan esta idea (aunque de momento solo en Estados Unidos). Ahora tu trabajo consistirá en comprobar si en España ocurre lo mismo. Está claro que no puedes analizar todos los diarios españoles y todas las noticias de todas las temáticas, así que tendrás que ir enfocando tu estudio. Tendrás que elegir qué tipo de noticias vas a analizar y de qué diarios. Pongamos que a partir de allí el objetivo de tu trabajo será determinar qué origen tienen las noticias en los diarios económicos españoles (no todos, obviamente, eliges unos cuantos y dices cuáles vas a analizar), qué tipo de fuentes utilizan, cuáles son sus características y si todos estos aspectos de verdad influyen en la calidad de la noticia. Cuando leas la bibliografía sobre el tema, elijas cómo vas a analizar cada noticia y las analices, sabrás si tu hipótesis era cierta o no.

Te pongo otro ejemplo más general. Imagínate que eres un detective (como Sherlock Holmes, ja, ja). Si sospechas que una persona en concreto puede ser el asesino, es porque encuentras algún motivo, dato o suceso que avale esta suposición y no te la sacas de la nada. Por ejemplo, piensas que el asesino es el marido porque hereda una millonada y además tiene una amante. Cuando empieces a investigar todo el caso, los hechos demostrarán si tu suposición era cierta o no. Es decir, necesitas encontrar hechos tangibles que demuestren que estabas en lo cierto (o que te equivocabas).

¿Se entiende más o menos? Espero que sí.

3. Elegir la forma en la que vas a investigar tu hipótesis

Recopilemos: ya has trazado el panorama general de la investigación que se ha hecho en tu campo de estudio y has expuesto qué pretendes investigar en tu trabajo (tu hipótesis y tus objetivos). Ahora te toca describir **desde qué punto de vista lo vas a enfocar, cómo lo vas a hacer**. Te explico.

Has formulado una hipótesis y unos objetivos que quieres estudiar en tu trabajo. Quieres saber si, llegando más a fondo del asunto, tu hipótesis sigue siendo válida o, por lo contrario, es incorrecta (o no cierta del todo). Pero no existe una única forma de estudiar tu hipótesis, probablemente otros estudiosos hayan establecido varios puntos de vista, haya varias escuelas o varias teorías, así que en tu estudio puedes emplear varios métodos.

En cada campo de estudio existen muchas perspectivas y muchos métodos que se pueden aplicar, pero tú tienes que elegir uno o varios métodos con los que vas a estudiar tu hipótesis y debes explicar cuál vas a utilizar. Y eso es la temida y desconocida metodología.

En otras palabras, definir la metodología que vas a aplicar en tu trabajo consiste en **elegir la forma, el punto de vista, los métodos o la teoría que vas a aplicar en tu estudio.** Todo este proceso se describe en el apartado llamado Materiales y métodos (mira cómo escribirlo en el capítulo del paso 3 titulado «Cómo describir los materiales y métodos de tu investigación»).

4. Describir los resultados

Una vez que hayas elegido las teorías que vas a aplicar en tu estudio y hayas profundizado en el tema, te toca hacer la investigación y presentar los resultados que has alcanzado.

Es decir, ¿la lectura de la bibliografía seleccionada ha confirmado tu hipótesis o la ha refutado? ¿Después de haber leído todo, sigue siendo cierta y verdadera? ¿O a lo mejor no es ni blanco ni negro? ¿A lo mejor la hipótesis sigue siendo válida, pero es necesario matizarla o depende del contexto?

Sea lo que sea, lo que descubras son los resultados de tu trabajo y **tu lector tiene que saber qué has descubierto** (para saber cómo escribir bien los resultados mira el capítulo del paso 3 titulado «10 recomendaciones para escribir los resultados de tu TFG»).

5. Comparar tus resultados con los resultados de otros investigadores de tu campo

Presentar tus resultados no es suficiente. También debes explicar qué tienen que ver tus resultados con lo que se ha hecho hasta el momento en tu campo de estudio. Por qué lo que has hecho tú importa y qué relación tiene con lo que han hecho los demás.

El lector de tu trabajo tiene que saber **por qué lo que acabas de investigar es importante y qué aporta a lo que ya estaba hecho**. Para hacerlo debes comparar tus resultados con los resultados de otros investigadores. Esto se suele hacer en el apartado llamado Discusión (para más información mira el capítulo del paso 3 titulado «4 pasos sencillos para conseguir una buena discusión»).

6. Presentar las conclusiones

Por último, tienes que presentar las conclusiones de tu investigación y **no es lo mismo que presentar los resultados.**

Las conclusiones son las ideas que sacas después de haber presentado tus resultados y haberlos comparado con los resultados de otros investigadores. Es decir, seguramente tu estudio tenga algunas limitaciones o se te haya pasado por alto algún aspecto importante. Además, lo más probable es que tu investigación no se limite solo a tu campo de estudio, sino que se pueda aplicar a otros campos más o menos relacionados con el tuyo.

Así que debes incluir toda esta información en el apartado llamado Conclusiones (más información en el capítulo del paso 3 titulado «4 características de unas conclusiones que demuestran que tu trabajo ha valido la pena»).

¿Qué se supone que debes demostrar con tu trabajo?

Se supone que tu TFG debe reflejar una serie de conocimientos que has adquirido a lo largo de la carrera y debes mostrar que eres capaz de aplicar estos conocimientos en el contexto de tu investigación. En otras palabras, se trata de demostrar que sabes evaluar y seleccionar las teorías científicas y la metodología, y que eres capaz de comunicar las conclusiones, los conocimientos y las teorías científicas de forma clara y precisa.

Un TFG bien hecho demuestra que sabes:
- analizar los materiales;
- sintetizar, gestionar y organizar la información;
- definir el problema que vas a estudiar;
- seleccionar y usar la bibliografía adecuada;
- hacer juicios o reflexiones críticas bien fundamentados;
- integrar en tu trabajo la información recogida de fuentes bibliográficas;
- aplicar una metodología pertinente a los resultados establecidos;
- expresar ideas, exponer conocimientos y presentar información de forma organizada, clara y precisa;
- presentar una valoración fundamentada;
- generar un nuevo conocimiento.

Sé que todo esto puede sonarte a chiste cuando probablemente tengas la sensación de que a lo largo de la carrera has aprendido cuatro cosas mal contadas. Cuando nadie te ha enseñado cómo hacer un trabajo de investigación y de repente en el último año te lo exigen como si lo estuvieras haciendo toda la vida. Cuando tu tutor ni siquiera da señales de vida o le mandas tu trabajo y te responde con unos comentarios que te destruyen la moral. Cuando estás estudiando y trabajando a la vez y no solo nadie lo valora, sino que a algunos profesores parce que hasta les molesta.

Sé que el sistema de educación por lo general es un drama. Pero las cosas nunca son blancas o negras. Es verdad que hay muchos profesores malos, pero también hay muchos que son muy buenos, te animan, te inspiran, resuelven tus dudas y te motivan. Por muy desesperado que estés con el TFG, puedes hacer dos cosas: (1) seguir pensando que es injusto, cabrearte con todo el mundo, quejarte al mismísimo Dios y renegar del TFG para siempre o (2) aceptar tu realidad tal como es, asumir que no puedes eliminar el maldito TFG de la faz de la tierra y **buscar información por tu cuenta para aprender cómo hacerlo bien**.

Me alegro muchísimo de que, ya que estás leyendo este libro, hayas elegido la segunda opción.

¿Qué es lo más importante?

Cuando no estás seguro de qué y cómo debes hacer, empiezas a comerte la cabeza con los detalles sin importancia, así que es muy importante que sepas en qué debes centrarte desde el principio y qué aspectos dejar para más adelante.

Aunque tu trabajo debe seguir un determinado formato, no pases noches en vela divagando sobre si escribir los encabezados en negrita o no, si los números de página van arriba o abajo o si los números en las tablas (si las utilizas) van justificados a la derecha o a la izquierda. Créeme que nadie te va a suspender el trabajo (bueno, nadie en su sano juicio) por estos detalles. Mientras que establezcas un criterio y lo sigas a lo largo de todo tu trabajo, vas bien. Es decir, por ejemplo, si decides poner los encabezados en negrita, acuérdate de ponerlos en negrita siempre.

Los aspectos que determinan si aprobarás tu TFG o no son otros. Lo que de verdad importa es si:

- Eres capaz de enmarcar y definir un problema (objetivo) de investigación de forma coherente.
- Sabes diseñar y estructurar el proceso de investigación.
- Dominas la metodología, sabes encontrar y seleccionar la bibliografía, formular objetivos y analizar los datos.
- Sabes elaborar conclusiones coherentes que se vinculan con las investigaciones o datos que avalan tu idea.
- Eres capaz de ordenar lógicamente todos los datos y presentarlos de forma clara y sintética.
- Sabes citar correctamente de acuerdo con las normas APA (o las que te exijan en tu centro).

Así que céntrate en estos puntos y olvídate de momento de los encabezados, números de página y otros detalles de este tipo. Más adelante, en la etapa final, te ocuparás de revisar todos los aspectos relacionados con el formato de tu TFG.

Cuánto tiempo requiere hacer todo el trabajo

En realidad el tiempo del que dispones para hacer tu TFG está muy delimitado por las fechas de selección de línea, asignación del tutor y la fecha límite de entrega. Hasta que no te asignen un tutor y este no dé el visto bueno a tu tema, no tiene sentido que te pongas a investigar. Míralo bien en tu guía, pero creo que por primera vez te pones en contacto con tu tutor en febrero y la fecha límite para presentar tu TFG es en mayo o en junio (según el centro). Teniendo en cuenta estas fechas, lo más seguro es calcular que tienes unos 3 meses para hacer tu TFG.

Te puede perecer muy poco, pero si tienes claro qué quieres investigar, cómo lo vas a hacer, eres constante y disciplinado y no dejas todo a última hora, 3 meses son suficientes para llevar a cabo un estudio de unas 30-50 páginas.

Piensa que tu trabajo hasta febrero es prepararte el terreno para que una vez que el tutor acepte tu tema te pongas a saco con la investigación. Si haces bien esta tarea y aprovechas los meses previos a la asignación del tutor, en febrero ya sabrás todos los detalles esenciales sobre el TFG y no perderás el tiempo en mirar qué demonios debes hacer.

Capítulo 4: Qué estructura debe tener un trabajo de investigación

En un trabajo de investigación, un artículo científico, un trabajo de fin de grado, de fin de máster o una tesis doctoral importa tanto el contenido, es decir, los resultados de tu investigación, como la forma en la que lo presentes.

Los trabajos académicos tienen una estructura más o menos fija y más bien igual en todas las partes del mundo. Los científicos e investigadores de todos los países presentan sus resultados en un orden determinado. Son como unas reglas que la comunidad científica respeta para que la comunicación sea más fluida. Así es más fácil encontrar la información que necesites porque cualquier artículo o trabajo sigue las mismas pautas.

Es como una gran conversación entre investigadores en la que todos conocen y respetan las reglas. Si quieres participar en ella con tu trabajo, debes saber cuáles son las reglas del juego. Pues **el orden en el que debes presentar los objetivos, el desarrollo y los resultados de tu investigación es clave**.

Cualquier trabajo o artículo de investigación se compone de:

* Resumen (el famoso abstract)
* Introducción
* Materiales y métodos
* Resultados
* Discusión
* Conclusiones

- Bibliografía
- Anexos (opcional)

En los trabajos más amplios, tipo TFG, TFM o tesis doctorales, al principio de todo va la portada y luego el índice, pero los demás elementos y su orden se mantienen igual.

No siempre los capítulos de un determinado trabajo o los subtítulos de un artículo concreto se llaman Materiales y métodos, Resultados o Discusión, aunque normalmente Resumen, Introducción, Conclusiones, Bibliografía y Anexos sí mantienen el nombre. Lo que importa es que cada apartado contenga la información que el lector espera encontrar en cada uno de ellos.

Muy bien, estos son los ingredientes y su orden a la hora de preparar tu investigación, pero **¿qué hay que escribir exactamente en cada una de estas partes?**

A continuación te diré qué información general deben incluir las primeras seis partes y los anexos porque sobre cómo hacer la bibliografía final hablaré en un ebook aparte. En este apartado te daré unos consejos generales, pero en el paso 3 de este libro titulado «Escribe tu primer borrador» profundizo bastante más y te explico cómo redactar bien cada uno de estos capítulos. Bueno, vamos allá.

Resumen

El resumen es el extracto de tu trabajo. Es la esencia, la parte fundamental, así que en él debes presentar de forma muy concisa lo más importante de tu investigación.

Ten en cuenta que a menudo será la única parte de tu trabajo que la gente va a leer y a partir de este resumen decidirán si leer todo el trabajo (o artículo) o no. Su decisión no dependerá de tus dotes como escritor, sino del tema de tu investigación y de los resultados que has obtenido. Si tu investigación les sirve para apoyar la suya o si pueden refutar tu hipótesis o aportar un nuevo punto de vista sobre el asunto, seguirán leyendo.

Obviamente, tu trabajo no va a resultar útil para todo el mundo. Por eso solo con leer el resumen la gente tiene que ser capaz de determinar si tu trabajo les sirve o no. Piensa cuando tú mismo buscas la bibliografía para tu trabajo. No puedes perder el tiempo en leer entero cada artículo que encuentres, ¿no? Pues a los demás les pasa lo mismo. No es igual tener que leer todo el artículo para saber de qué va que echar un vistazo al resumen que suele tener entre 150 y 300 palabras como máximo (consulta tu guía del TFG para comprobar qué longitud del resumen te exigen en tu centro).

Introducción

La introducción no es una amplia y exhaustiva revisión del tema general de tu trabajo. Aunque hables de los trabajos previos para situar tus estudios en un determinado contexto (es lo que se entiende cuando se habla de presentar el estado de la cuestión), debes centrarte en lo más importante que son: la hipótesis, el objetivo y las ideas principales de tu trabajo. Céntrate en lo que vas a investigar tú y preséntalo sobre el fondo de las investigaciones que ya se han hecho.

La estructura de esta parte del trabajo es bastante fácil. Primero habla de lo que ya se sabe sobre el tema de tu investigación:

- ¿Qué se ha investigado y quién lo ha hecho?
- ¿Qué enfoque han adoptado los anteriores investigadores?

- ¿Cuáles son los principales y más significativos resultados de su investigación?

  Luego habla sobre lo que no queda tan claro. ¿Qué falta por estudiar? A lo mejor hay algún enfoque, algún detalle que los anteriores científicos no han tenido en cuenta. Quizás haya cambiado la forma de estudiarlo debido a los avances científicos, los nuevos medios de comunicación, etc.

  Después presenta tu hipótesis y el objetivo de tu trabajo.

  A continuación brevemente explica el enfoque desde el que has estudiado el tema (la metodología).

  Para terminar señala por qué tu enfoque es importante, en qué se diferencia de los enfoques anteriores o qué información nueva aporta.

Materiales y métodos

En esta parte tienes que contar cómo has llevado a cabo tu estudio. Es decir, qué has hecho, cuándo, dónde, cómo y por qué. Se trata de describir paso por paso (sin pasarte, claro) todo lo que has hecho para llegar a la conclusión a la que has llegado.

Es como elaborar una receta para que los demás puedan repetir tu estudio. Dales información suficiente, pero no les aburras con detalles innecesarios o con largas descripciones de los procedimientos comúnmente conocidos. Imagínate que estás explicando a alguien la receta del bizcocho de tu abuela. Tienes que decirle los ingredientes, cómo prepararlo o mezclarlo todo y en qué orden. Pero no le vas a explicar paso por paso cómo batir los huevos, ¿verdad?

Divide esta parte en secciones y ponles subtítulos para que el lector pueda encontrar fácilmente toda la información.

Resultados

Es un resumen de lo que muestran los datos que has obtenido con tu estudio. De modo que no se trata de decir qué has hecho porque esto ya lo has descrito en la parte anterior. Tampoco debes enrollarte en explicar qué valor aportan tus resultados en el campo de estudio de tu trabajo ya que esto lo harás en la siguiente parte, la discusión.

No confundas los resultados con los datos pelados y mondados. No se trata de que recojas simples números o de que vuelvas a presentar los valores que ya has incluido en las tablas y las figuras (aunque sí puedes citar los números más importantes y significativos para tu hipótesis). Se trata más bien de señalar hacia dónde llevan estos datos, qué demuestran, qué sugieren, cómo se relacionan con lo que pretendías demostrar.

Por último, no presentes tu opinión personal, sino la valoración final de lo que has conseguido. Todo lo que digas tiene que estar respaldado por los resultados obtenidos.

Discusión

Es la parte de tu trabajo en la está el meollo de la cuestión porque en la discusión **comparas tus resultados con los hallazgos de otros estudios pertinentes.** Básicamente se trata de mostrar qué significado en tu campo de estudio tienen los resultados que has obtenido y por qué les deberían importar a los demás investigadores.

Señala qué han hecho los demás y por qué lo que has hecho tú es igual de importante. Compara tus resultados con los de los demás. Di cómo tus resultados apoyan o refutan lo que han demostrado otros investigadores. Como siempre, apoya tus argumentos con pruebas.

Ahora, si lo que demuestras va en contra de lo que dice la mayoría, no te creas el más listo de todos. Por muy innovador que sea tu estudio acuérdate de que eres el último mono que ha llegado allí. Las personas que investigaron el asunto antes que tú dedicaron muchas horas de su vida para profundizar en el tema y, para decir la verdad, sus trabajos te han llevado hacia donde estás ahora. Aunque hayas descubierto algo nuevo, sin sus investigaciones tendrías que empezar desde cero. Su mérito es innegable, así que reconóceselo.

Conclusiones

El contenido de esta parte es la continuación de la parte anterior. Debes dar una respuesta clara a la hipótesis que has planteado en la introducción, apoyarla con los resultados y proponer sugerencias para futuras investigaciones.

Sé breve y claro. No te enrolles, las conclusiones suelen ser un apartado bastante corto.

Como te he dicho, para terminar sugiere las posibles líneas adicionales de investigación relacionadas con tu estudio que se podrían llevar a cabo en el futuro. O señala en qué más campos de estudio se podría aplicar tu investigación.

Anexos

No hace falta incluir los anexos en todos los trabajos. Los anexos son necesarios solo si los materiales que vas a incluir en esta parte van a facilitar o ilustrar mejor la lectura del estudio.

Pueden ser documentos como:

- mapas;
- tablas y cuadros de datos completos;
- muestras de hojas de respuesta de test, cuestionarios, entrevistas, formularios, etc., que has utilizado en tu investigación;
- fotografías o ilustraciones;
- textos transcritos o fotocopiados;
- textos medievales;
- transcripciones de textos orales;
- documentos jurídicos;
- glosarios, etc.

Pues ya sabes qué información debes incluir en tu trabajo de investigación y en qué orden presentarla. Además, cuando tengas que consultar los artículos o los trabajos de otros investigadores, sabrás en qué parte buscar la información que necesitas.

Ahora bien, **el orden en el que debes presentar las partes de tu trabajo no es el mismo en el que debes escribirlas**. Es decir, no empieces a escribir por el resumen. Si lo haces, lo más seguro es que tendrás que cambiarlo cuando acabes de escribir todo el trabajo. Además, te será muy difícil seguir escribiendo y te bloquearás. En el capítulo «10 estrategias probadas para superar la falta de motivación y el síndrome de la página en blanco» te diré en qué orden deberías escribir tu trabajo para que te sea más fácil y no te quedes atascado.

Tampoco deberías empezar por la introducción, pero por desgracia tendrás que hacerlo porque lo más probable es que tu tutor te pida que en la primera entrega le presentes los objetivos, la propuesta de tu trabajo, la introducción y el marco teórico, entre otras cosas. Como puedes ver, una cosa es el orden ideal en el que deberías escribir tu TFG y otra, muy distinta, la pura realidad. Pero no te preocupes porque en el paso 3, en el capítulo «Cómo escribir una buena introducción de tu trabajo», te explico cómo escribir tu introducción para no quedarte bloqueado.

Capítulo 5: 4 requisitos que cualquier investigación debe cumplir sí o sí

¿A que cuando te dicen que tienes que hacer una investigación científica, te imaginas hacer un estudio en un laboratorio lleno de batas blancas y probetas? Razón por la cual si estás haciendo una carrera de humanidades y te dicen que tu TFG debe ser un estudio científico, no te cuadra. Vamos, que no tienes ni idea con qué se come eso. Es normal. No te preocupes porque nos pasa a todos. Asociamos lo científico y la ciencia solo a un ámbito de laboratorio.

Sin embargo, no es así. En cualquier campo de estudio se puede hacer una investigación científica (sí, en filosofía también). En este apartado te diré cuáles con los 4 requisitos que debe tener un estudio para que pueda ser catalogado como científico.

Si buscas el término *científico* en el diccionario de la RAE, verás que una de las definiciones que dan es esa: «Que tiene que ver con las exigencias de precisión y objetividad propias de la metodología de las ciencias». Por tanto, podríamos decir que un estudio científico es aquel que es **preciso y objetivo**. Es decir, preciso porque ofrece resultados comprobables y verificables, y objetivo porque no refleja tus preferencias personales ni se basa solo en los datos que confirman tu hipótesis.

Pero ¿qué hay que hacer exactamente para conseguirlo?

Umberto Eco en su libro *Cómo se hace una tesis* describe 4 requisitos que debe cumplir cualquier investigación científica.

Son los puntos que te explicaré a continuación. Así que para que tu TFG sea un estudio científico debes tener en cuenta estos 4 aspectos:

1. El objeto de tu estudio tiene que estar definido de tal modo que otros lo identifiquen sin problemas

En otras palabras, debes delimitar y definir bien el tema de tu trabajo para que los demás no tengan dudas acerca de qué es lo que estás investigando. Te pondré un ejemplo que menciona en su libro Umberto Eco y no va a ser un ejemplo de ciencias.

Imagínate que quieres hacer un trabajo sobre el símbolo en el pensamiento contemporáneo. Bueno, si formularas el tema tal cual, sería demasiado amplio para hacer el trabajo. Por tanto, deberías delimitar el campo de estudio mucho más. Sin embargo, dado que ahora se trata de un ejemplo para que entiendas qué quiere decir que el tema de un trabajo científico debe ser definido y reconocible, digamos que no importa que el tema sea tan amplio.

Pues bien, date cuenta de que el término *símbolo* no siempre significa lo mismo. Es más, decir *símbolo* no es lo mismo para un matemático que para un psicoanalista o un lingüista. Incluso cuando se trata de la misma disciplina, es un término que cambia de significado según los autores. Cada uno puede entender por símbolo algo ligeramente diferente. Por lo cual, si en tu trabajo hablaras sobre el símbolo, primero tendrías que definir qué entiendes exactamente por símbolo. Por supuesto te puedes basar en alguna de las definiciones existentes, pero tendrás que especificar en cuál te basas para que los demás, cuando lean tu trabajo, entiendan por símbolo lo mismo que tú.

Espero que con esto la cuestión de cómo definir el objeto de tu estudio quede más o menos clara, así que pasemos al siguiente punto.

2. Tu investigación debe decir sobre este objeto cosas que todavía no se han dicho o revisar con mirada diferente las cosas que ya se han dicho

Dicho de otra forma, tu trabajo (dentro de lo que cabe cuando se trata de un TFG) tiene que ser **original, novedoso**.

Una vez más recurro al ejemplo que pone Umberto Eco. Imagínate que quieres hacer un trabajo sobre el teorema de Pitágoras y tu único objetivo será demostrar este teorema con los métodos tradicionales. Ves que así tu trabajo no añadiría nada nuevo a lo que ya se sabía, ¿no?

Ahora bien, que tu trabajo deba ser novedoso no significa que tienes que inventar la cura contra el cáncer. Puedes hacer un trabajo basado en un análisis de textos y será original si aportas tus reflexiones críticas. Vas bien encaminado siempre y cuando no recopiles y repitas información que ya se conocía de sobra.

Bueno, creo que este punto queda bastante claro. Pasemos a la siguiente característica.

3. Tu investigación tiene que ser útil

Tu trabajo no solo tiene que añadir algo nuevo a lo que ya se sabía sobre el objeto de estudio, sino que también **tiene que aportar algún valor**.

Es decir, imagínate que quieres hacer un trabajo sobre un texto de Unamuno que has encontrado y que jamás ha sido publicado. Se trata de su libreta personal en la que anotaba qué gayumbos se ponía cada día (sé que es un ejemplo muy extremo y muy absurdo, pero es para ilustrar mejor). ¿Crees que este conocimiento (aunque antes desconocido) añadirá una información relevante? Como mucho será una pequeña curiosidad biográfica sobre la vida de Unamuno, pero no tiene ningún valor científico.

De modo que recuerda: **no investigues chorradas**. Un trabajo científico no solo debe aportar información nueva, sino que además esta información tiene que ser de valor.

Vamos a por el último aspecto.

4. Tu investigación debe ofrecer elementos con los que los demás puedan verificar y refutar (si es preciso) tu hipótesis

No se trata de otra cosa que describir los materiales y métodos que has utilizado en tu estudio.

O sea, **en tu investigación tienes que contar a los demás paso por paso qué has hecho, cuándo, dónde, cómo y por qué**. El objetivo es darles una especie de receta con la información suficiente para que puedan repetir tu estudio.

Por ejemplo, si has hecho un estudio sobre la edición de libros en España, tendrás que especificar:

- qué tipo de libros has tenido en cuenta (¿de texto, de ficción?);
- cuántas editoriales has analizado;
- cuáles exactamente;
- qué criterios has aplicado (¿has analizado solo ediciones nuevas o también las reimpresiones?, ¿libros en papel o

electrónicos?, ¿editoriales públicas, independientes o pri-
vadas?), etc.

Más o menos se entiende la idea, ¿no?

Espero que te haya quedado más claro qué significa hacer una
investigación científica. Como puedes ver, lo científico no está
reservado para las ciencias puras. Es posible hacer un estudio
científico fuera de un laboratorio lleno de probetas.

Capítulo 6: 4 tipos de trabajos de investigación más comunes y cómo desarrollarlos

Ya sabes que se trata de hacer un trabajo de investigación, pero ¿hay un solo tipo de trabajo de investigación? Y si hay varios, ¿cuántos hay y en qué consiste cada uno? Y lo más importante: ¿cuál elegir para tu TFG? Si todas estas preguntas no te dejan dormir, tranquilo porque a continuación intentaré resolver todas tus dudas.

Ante todo te recomiendo que leas la guía de estudio del TFG que te proporciona tu centro porque en ella te indican qué tipo de trabajo puedes utilizar en tu línea de investigación. Ten en cuenta que cada facultad y cada línea de investigación son distintas. No es lo mismo hacer un TFG de medicina, de ingeniería, de psicología o de lengua y literatura. **El tipo de trabajo depende de la materia.** Algunos de los modelos que te voy a comentar serán adecuados para tu materia y otros no. Por eso te pido que consultes la guía porque allí te especifican los distintos tipos de trabajos de fin de grado que se proponen para cada línea. Así que **antes de elegir alguno en concreto, consulta la guía y asegúrate de que el tipo que has elegido está permitido para tu línea de investigación**.

Dicho esto, te voy a explicar los modelos de trabajos de investigación más comunes, pero primero tienes que decidir qué enfoque vas a aplicar en tu trabajo.

Simplificando mucho, podríamos decir que puedes enfocar tu TFG desde dos perspectivas: (1) teórica o (2) práctica.

Un **enfoque teórico** implica que vas a analizar y valorar las teorías, investigaciones, metodologías, etc., existentes relacionadas con el tema de tu TFG. En otras palabras, se trata de evaluar de forma crítica y exhaustiva el material ya publicado, relevante para el tema de tu trabajo.

Un **enfoque práctico**, en cambio, supone que en tu TFG vas a hablar sobre las investigaciones, estudios o experimentos que has hecho tú. Es decir, tú llevas a cabo un estudio (un análisis de laboratorio o un trabajo con individuos u organizaciones, diseñas una experiencia, un programa o una aplicación) y luego en tu TFG describes el material obtenido en este estudio y sus resultados.

¿Cuál es mejor?

Depende. Suele ser más difícil si tienes que llevar a cabo los experimentos tú mismo. Pero si has hecho prácticas relacionadas con el tema de tu TFG o colaboras en un centro de investigación, puede ser la opción más fácil porque probablemente tendrás hecha la parte práctica y eso supone el meollo del trabajo (también puede pasar que en tu línea de investigación no te dejen otra opción que hacer un estudio práctico).

Si no es tu caso y puedes elegir cualquier enfoque, no te obsesiones y no pienses que si no haces las investigaciones tú mismo, tu TFG va a ser malo. **No todas las líneas de investigación ni todos los temas requieren estudios prácticos.** Créeme, se puede hacer un buen trabajo evaluando el material existente. Mientras que lo hagas en condiciones (y yo te voy a explicar cómo), tu TFG también puede ser innovador.

Hay muchos tipos de trabajos de investigación, pero me voy a centrar en los cuatro más comunes y más fáciles de desarrollar para que tengas unas nociones principales. **Estos cuatro tipos son:**

1. artículo de investigación empírica,
2. revisión bibliográfica y de estado de la cuestión en torno a un tema,
3. análisis de textos y documentos,
4. estudio comparativo.

Como ya te he dicho, antes de decantarte por cualquiera de ellos, **consulta la guía de elaboración del TFG** que te proporciona tu centro.

También piensa que la denominación de estos tipos de trabajo puede variar, pero la idea principal de cada uno de ellos suele ser la misma. Veamos cómo hacerlos.

1. Artículo de investigación empírica

Simplificando, un artículo de investigación empírica **es un informe de tu investigación**.

Como cualquier trabajo de investigación este artículo está subdividido en distintas secciones como: introducción, materiales y métodos, resultados, discusión y conclusiones.

En la introducción deberás presentar el problema en su contexto y los objetivos que pretendes alcanzar. También explica la finalidad de tu estudio y las razones que avalan su puesta en marcha.

En el desarrollo del artículo describe los materiales y la metodología utilizados en tu investigación. Se trata de describir brevemente las entrevistas, los cuestionarios, los informes o las pruebas que has realizado y gracias a los cuales has obtenido tus resultados.

Por último, describe tus resultados (puedes incluir cuadros, tablas, gráficos, diagramas, etc.), relaciónalos con los resultados de los demás investigadores y elabora tus conclusiones.

Si te das cuenta, esta estructura también es válida para un trabajo teórico, es decir, en el que analizas el material ya publicado por otros investigadores. La diferencia está en que **en un artículo de investigación empírica se trata de describir el estudio que has llevado a cabo tú.**

Lo que importa en este tipo de trabajo es:

*   Señalar si con las actividades realizadas (o sea, con tu estudio) has logrado los objetivos que te has propuesto (puede que hayas obtenido resultados negativos).
*   Describir las actividades que has llevado a cabo (su organización, desarrollo, cronograma, etc.).
*   Valorar estas actividades.
*   Describir los resultados y las conclusiones más relevantes.

2. Revisión bibliográfica y de estado de la cuestión en torno a un tema

Hacer una revisión bibliográfica no es otra cosa que **buscar, seleccionar, leer y analizar la bibliografía existente acerca de un determinado tema** (que sería el tema de tu TFG).

No pienses que por analizar investigaciones que no son tuyas tu trabajo es menos importante. Buscar, seleccionar, organizar y evaluar el material publicado es imprescindible para determinar el avance de la investigación en tu campo de estudio y averiguar el conocimiento disponible en el momento de iniciar una nueva investigación.

Una buena revisión bibliográfica consiste en hacer una evaluación crítica y exhaustiva del material ya publicado. Ahora bien, no se trata de que recojas gran cantidad de información y la cites sin más. **La clave está en enlazar**

ideas, resumir conceptos, hacer juicios críticos y presentar resultados.

Tu presentación de los resultados de manera organizada, sistemática, comentada y argumentada constituye el estado de la cuestión sobre el tema que estabas analizando en tu trabajo. Es decir, los resultados de tu estudio del material publicado y seleccionado por ti no es otra cosa que un breve resumen de lo que en este momento la comunidad científica sabe sobre el tema en cuestión.

Pero recuerda: **no se trata de reproducir la información sin más.** Lo que de verdad importa es que demuestres que a partir de la información que has recogido eres capaz de generar un nuevo conocimiento. Es decir, por ejemplo, después de haber analizado el actual estado de la cuestión puedes pronosticar en qué dirección se desarrollarán las futuras investigaciones. O puedes identificar relaciones entre todos los materiales que has analizado y señalar contradicciones, lagunas o inconsistencias en este material (si las hay).

Lo que importa en este tipo de trabajo es:
- Definir bien el tema.
- Sintetizar y evaluar el material existente sobre este tema.
- Presentar resultados de tu lectura crítica.
- Aportar un conocimiento nuevo.

Por último, si eliges este tipo de trabajo, comprueba en la guía del TFG de tu centro si te especifican las características que debes seguir a la hora de escoger los materiales. Es decir, puede que te exijan que no incluyas más de 2 obras del mismo autor, que al menos 50 % de las obras (por poner un ejemplo) estén publicadas en los últimos 5 años o que por lo menos 5 referencias sean de revistas o libros publicados en el extranjero.

3. Análisis de textos y documentos

Este tipo de trabajo consiste en **desarrollar un análisis y una reflexión personal en torno a un texto amplio** (un libro, una pieza legislativa, un documento histórico, etc.).

En un análisis de texto (o documento) tienes que centrarte en un único texto y estudiarlo más o menos a fondo. Para llevar a cabo este análisis no vale presentar solo tu reflexión personal. Es verdad que debes aportarla, pero tiene que estar fundamentada en algo más que en tus reflexiones. **Para hacer un buen análisis necesitas saber qué han dicho los demás investigadores sobre el texto que vas a analizar.** Es decir, tienes que seleccionar y citar bibliografía relacionada con el tema de tu trabajo.

Igual que en el caso anterior, **no se trata de reproducir mil citas sin más. Debes ser capaz de hacer juicios o reflexiones críticas bien fundamentados** (por eso la bibliografía) acerca del texto analizado. Estas reflexiones críticas te sirven para aportar información nueva y evitar repetir sin más lo que dicen otros investigadores.

Lo que importa en este tipo de trabajo es:
- Seleccionar y valorar la bibliografía relacionada con el texto que vas a analizar.
- Hacer reflexiones críticas acerca de este texto.
- Presentar resultados de tu análisis aportando un conocimiento nuevo.

4. Estudio comparativo

Como su nombre indica, un estudio comparativo **consiste en comparar dos** (o más, pero yo no me metería en berenjenales innecesarios) **temas que tengan suficientes similitudes y diferencias** para compararlos de forma significativa.

Es decir, puedes comparar lo que sea (textos, leyes, teorías, sectores, modelos de investigación, etc.) en el ámbito que sea (nacional, internacional, entre diferentes grupos sociales, etnias, pueblos, culturas, etc.), pero estos dos elementos que elijas **tienen que parecerse o diferenciarse en más de un aspecto importante**.

Te lo explico.

Imagínate que has decidido comparar dos cuentos policiacos. Para que valga la pena compararlos, estos cuentos tienen que diferenciarse o parecerse en varios aspectos significativos (época, estilo, tema, autor, estructura, etc.). Además, tienes que decidir qué aspectos vas a comparar (el narrador, el espacio, el tiempo, etc.). Asimismo, tu análisis de cada elemento, igual que en el caso anterior, debe fundamentarse también en lo que han dicho los demás. O sea, necesitas la bibliografía.

Ojo: **simplemente con señalar que las cosas son similares o diferentes y enumerarlas no es suficiente**. Como ya te puedes imaginar, **se espera de ti alguna reflexión crítica**. Necesitas elaborar los resultados de tu comparación y señalar los más significativos.

Lo que importa en este tipo de trabajo es:
- Elegir bien los elementos que vas a comparar.
- Compararlos de acuerdo con algún criterio establecido.
- Elaborar las conclusiones de tu comparación aportando una reflexión crítica.

Ahora que ya sabes cuáles con las cuatro formas más comunes de desarrollar un trabajo de investigación, elige la que más te guste. Piensa qué forma será más adecuada para el tema de tu TFG y **no te olvides de consultar la guía de tu centro**.

Capítulo 7: Consejos para esta etapa

1. Mira bien las fechas límite y la normativa

Como ya te he dicho antes, es muy importante que desde el principio te quede bien claro cuándo tienes que matricular el TFG, qué requisitos debes cumplir, cuándo te toca elegir las líneas de investigación, cuándo te asignan tu tutor, cuál es la fecha límite para presentar el TFG, etc.

Si no conoces estas fechas, no podrás planificar bien y sin agobios todas las etapas de elaboración de tu trabajo.

2. Hazte con la guía de elaboración del TFG de tu centro

Cada centro publica una guía en la que te explican los detalles de elaboración del TFG. La suelen colgar en el campus virtual. Descárgatela cuanto antes y léela detenidamente.

No esperes que en ella te digan paso a paso qué debes hacer, pero por lo menos te enterarás cuáles son las líneas de investigación que puedes elegir, las fechas límite, los criterios de evaluación, qué metodología debes seguir en cada línea, qué debes incluir en el plan de trabajo, etc.

Allí también suelen venir los nombres y los correos electrónicos de todos los tutores, información que te resultará muy útil cuando te asignen tu tutor y tengas que contactar con él.

3. Busca grupos de Facebook relacionados con el TFG

Estos grupos son una verdadera mina de oro (bueno, depende del grupo, pero por lo general están muy bien). Te sirven para ir viendo de qué va el rollo del TFG, para conocer las experiencias y opiniones de los compañeros de los años anteriores, las dudas de tus compis de ahora, etc.

En algunos grupos incluso comparten materiales o archivos útiles para hacer el TFG o, una vez asignadas las líneas de investigación, la gente crea grupos de WhatsApp para cada una de ellas.

Paso 2: Planifica tu trabajo

Tu objetivo: Diseñar la estructura de tu TFG

Muy bien, ya sabes qué línea de investigación te ha tocado, te han asignado un tutor y este ha aprobado tu tema. En el mejor de los casos, tu tutor te explica todo y te dice cuáles son tus siguientes pasos. En el peor, no sabes nada de tu tutor, el tiempo pasa, tú estás atacado, no sabes por dónde tirar y tienes un cacao monumental. ¿Qué se supone que debes hacer ahora?

Que no cunda el pánico. Tu siguiente paso consiste en planificar tu trabajo de investigación. Tu objetivo es diseñar la estructura de tu TFG y, por lo que más quieras, no te pongas a escribir sin terminar esta etapa de planificación. Si te saltas este paso, lo más probable es que te bloquees y te conviertas en una víctima más del síndrome de la hoja en blanco.

¿Piensas que todo el mundo escribe su trabajo de investigación a la primera y de una sentada? Nada más lejos de la realidad. Incluso los mejores investigadores y los que han publicado miles de artículos y libros en algún momento han tenido bloqueos, dudas y no sabían por dónde empezar.

Pienso que **escribir es una habilidad que todos pueden aprender**. El problema es que nadie te enseña cómo escribir un trabajo de investigación, pero luego te exigen que hagas uno perfecto a la primera. Tampoco nadie te dice que escribirlo es solo una parte de todo un proceso cuya **fase fundamental no es escribir, sino planificar tu trabajo**. Razón por la cual no debes ponerte a escribir ni una sola palabra de tu TFG si antes no has invertido tiempo en prepararlo.

Capítulo 8: Problemas más comunes en esta etapa

Los problemas surgen cuando nadie te explica paso por paso qué hacer. En caso de que sufras persiguiendo a tu tutor y sigas sin respuesta de su parte, a continuación encontrarás la ayuda que necesitas: te presento los obstáculos más comunes en esta etapa y te explico cómo solucionarlos.

Te saltas la fase de planificación

Escribir el TFG o cualquier otro trabajo académico (o cualquier otro escrito) **es un proceso** que debe incluir tres fases:

1. preparación
1. escritura del primer borrador
2. redacción y revisión

Cuando tienes que escribir tu trabajo y encima te urgen las fechas, corres como loco a escribirlo cuanto antes y, a menudo, sin pensar cómo exactamente, quieres estructurar todo tu escrito. Entonces te centras en la segunda fase del proceso y te olvidas de lo más importante: ordenar tus ideas antes de ponerte a escribir.

No te preocupes, a mí me pasaba igual hasta que comprobé que si divides el proceso de elaboración de tu trabajo en estas tres fases, avanzas mucho más rápido y tu trabajo gana en calidad.

No tienes ni idea por dónde empezar tu TFG

Cuando pregunté a los lectores de mi antiguo blog cuál era su principal problema a la hora de realizar el TFG, muchos me contestaron: «Mi problema lo es todo, no sé cómo realizarlo» o «Mi problema es que no sé por dónde empezar». Este obstáculo es una alerta roja, el más alto nivel de amenaza para tu TFG porque ni siquiera te permite arrancar con el trabajo.

Si tú tampoco sabes por dónde tirar, no te preocupes porque te sacaré del apuro y te explicaré **qué debes hacer para poner manos a la obra desde ya**.

Tu tema es demasiado amplio o fijas demasiados objetivos

Otro problema muy común está relacionado con el tema del TFG.

Cada centro es diferente: unos piden que tú propongas un tema, otros directamente te lo asignan, hay tutores que te aconsejan, otros ni aparecen... Pero sean como sean las reglas de tu centro, cuando todavía no tienes mucha experiencia en escribir trabajos científicos, elegir el tema puede darte muchos dolores de cabeza. ¿Cómo saber si tu elección va a ser la adecuada? ¿Es mejor elegir un tema que te apasiona o ser más práctico y optar por el más sencillo?

El fallo más frecuente que cometen los estudiantes cuando tienen que proponer un tema es que formulan un tema demasiado amplio o que pretenden alcanzar demasiados objetivos.

Te recuerdo que el TFG suele ser un trabajo más bien corto (en muchos centros no debe superar 30 páginas) y que dispones de un tiempo limitado para hacerlo (digamos que son tres meses, cuarto como mucho). 30 páginas son muy pocas para estudiar un tema en profundidad, de modo que tu tema debe ser lo más específico posible para que tu trabajo sea completo. Por otro lado, hay que tener en cuenta que no vas a dedicar tres o cuatro meses de tu vida solo al TFG. Es decir, probablemente tendrás más asignaturas, prácticas, a lo mejor trabajas o tienes hijos, etc.

Teniendo en cuenta todo lo anterior, he pensado que sería muy buena idea darte unos consejos prácticos para que aprendas cómo elegir bien el tema de tu TFG y enseñarte cómo asegurarte de que no sea demasiado amplio.

No sabes cómo estructurar el trabajo

Digamos que ya has propuesto un tema para tu TFG y tu tutor te lo ha aprobado. Ahora te pide que le envíes una propuesta con el plan de trabajo. En otras palabras, tienes que enviarle un boceto en el que dirás cómo vas a estructurar tu TFG, qué objetivos pretendes conseguir, qué metodología seguirás en tu investigación y en qué materiales vas a apoyar tu marco teórico. Esta planificación de tu trabajo es muy importante porque si tu tutor no te aprueba la propuesta, no puedes tirar para adelante.

Suena chungo, pero no lo es tanto como parece. Aunque, si nunca has hecho una propuesta de este tipo, te pueden surgir algunas dudas. Pero que no cunda el pánico. Más adelante te explicaré **cómo diseñar un buen plan de trabajo** para que tu tutor te dé la luz verde y puedas ponerte manos a la obra con tu TFG.

La palabra *metodología* te suena a chino

Otro de los problemas más comunes relacionados con el TFG es que existe una confusión generalizada acerca de qué es la metodología.

Simplificando bastante, podríamos decir que la metodología responde a la pregunta ¿Cómo vas a desarrollar tu investigación? En otras palabras, debes decidir qué método vas a aplicar y qué herramientas vas a utilizar para llevar a cabo tu estudio.

No sabes dónde buscar la bibliografía para tu trabajo

No hay nada más frustrante que tener que seleccionar la bibliografía para tu TFG y no saber dónde buscarla. Te pasas horas delante del ordenador buscando sitios fiables para encontrar materiales que puedas utilizar en tu trabajo, pero no encuentras nada. Revisas y revisas un sitio tras otro, no paras de escarbar en Internet, el tiempo pasa y tú sigues igual: sin ni un artículo en condiciones sobre el tema de tu estudio.

Sé lo que sientes porque a mí me pasaba lo mismo. Por eso quiero compartir contigo mi listado de **10 sitios de Internet donde encontrarás la bibliografía para tu TFG**. Para que no tengas que pasar horas inútiles delante del ordenador y vayas a tiro hecho ya que a la hora de hacer un TFG el tiempo, precisamente, es lo que menos sobra.

No planificas o planificas mal

El último problema de esta etapa es el más grave porque influye en todo el proceso de hacer tu TFG. Si planificas mal tu trabajo desde el principio (o, peor, no lo planificas), hacer el TFG se va a convertir en una tortura y un agobio constante.

Puede que lo de planificar te parezca un rollo. Te entiendo porque a mí tampoco me gustaba. Sé que al principio te parece un tiempo perdido porque te quita horas y parece que no avanzas, pero, créeme, **planificar tu trabajo es el paso que te beneficiará desde el principio hasta el final del proceso**. Con los años he aprendido (sé que ahora hablo como el abuelo Cebolleta, pero es verdad, je, je) que cuando se trata de un proyecto grande que requiere mucho tiempo (y hacer el TFG es justo este tipo de proyecto ya que es imposible quitártelo de encima en una tarde), o lo planificas o te esperan unos meses llenos de desesperación y ganas de mandarlo todo a la mierda porque estás de los nervios que te subes por las paredes. Además, muchos problemas de bloqueos surgen precisamente por falta de un plan de acción en condiciones.

Para no agobiarte con el TFG tienes que diseñarte un camino claro para no perder el tiempo en pensar qué hago ahora. Sin embargo, **lo importante es planificar bien y con cabeza porque un mal plan puede ser tan dañino como no tener ninguno**. Estarás de acuerdo conmigo en que es igual de absurdo no saber a dónde quieres ir como seguir unas malas indicaciones. Pero tranquilo porque la solución a este problema es muy sencilla. Te diré cómo planificar tu trabajo para que no te entren ganas de tirarte por la ventana en la mitad del proceso.

Capítulo 9: Cuánto tiempo dedicar a la planificación de tu TFG y cómo prepararlo bien

Cuánto tiempo debes dedicar a cada fase

En realidad **la segunda fase** (la de escritura, que en este libro es el paso 3), en la que todos nos empeñamos cuando todavía no tenemos experiencia en escribir, debería ocupar **solo el 10 %** del total del tiempo que tienes para elaborar tu TFG. El 90 % restante debes repartirlo en **20 % para redactar y revisar** tu primer borrador y **70 % para preparar** todo antes de ponerte a escribir.

Imagínate que tienes 100 días para escribir tu TFG (es solo un ejemplo). Pues siguiendo estas recomendaciones, deberías dedicar **70 días para prepararlo, 10 días para escribir tu primer borrador y 20 días para revisarlo y corregirlo**.

Te parece una locura, lo sé. Estresa mucho invertir 70 días de 100 y no tener escrito nada todavía. Pero créeme, **no tiene ningún sentido ponerte a escribir sin saber hacia dónde quieres llegar y sin haber organizado tus ideas**.

Por qué la fase de preparación de tu TFG es tan importante

Muy fácil: porque si la haces bien, luego irás disparado como un cohete y escribirás mucho más rápido.

Piénsalo, cómo te vas a poner a escribir si todavía:
- no te has leído la bibliografía,
- no has seleccionado la información más relevante,
- no has decidido desde qué punto de vista vas a enfocar el tema,
- no has establecido los objetivos,
- no has formulado una hipótesis,
- no has elaborado una estructura.

¿A que visto así parece una locura? Lo es.

La fase de preparación es la más importante porque te permite organizar tus ideas. **El objetivo es diseñar la estructura de tu TFG.**

Pero, cuidado, no intentes recoger la información y escribir a la vez. Una cosa es tomar apuntes de lo que lees, seleccionar y anotar las ideas más relevantes para tu trabajo, tomar nota de las posibles citas, pero otra muy distinta es intentar leer la bibliografía y escribir el primer borrador a la vez. No lo hagas.

Recuerda: recoge la información y organiza tus ideas **antes** de ponerte a escribir.

Cómo planificar tu trabajo

Antes de ponerte a escribir debes planificar tu estudio y diseñar la estructura de tu primer borrador del TFG. **Para hacerlo bien céntrate en las siguientes tareas:**
- Elige el tema de tu TFG.
- Define los objetivos.
- Busca, elige, sintetiza y organiza la información relacionada con el tema.
- Lee la bibliografía seleccionada.

- Decide desde qué punto de vista vas a enfocar el tema.
- Selecciona y apunta las ideas más importantes y relevantes para los objetivos de tu trabajo.
- Organiza toda la información que vas a utilizar.
- Haz un esquema detallado de tu TFG.
- Toma apuntes de los materiales y métodos que has utilizado para realizar tus experimentos.
- Elige, señala y toma nota de las posibles citas que vas a utilizar a lo largo de tu trabajo.
- Piensa en qué sección o capítulo vas a utilizarlas, pero todavía no te preocupes cómo vas a formular las frases.
- Si necesitas apoyar o refutar alguna idea y encuentras varias citas relacionadas con eso, agrupa, por un lado, todos los argumentos que la apoyen y, por otro, los contraargumentos y refutaciones.

Como puedes ver, cuando te digo que en la primera etapa no debes escribir, me refiero a que no escribas el texto del TFG en sí, pero sí vas a hacer apuntes, esquemas, anotar tus ideas, etc.

Recuerda: **cuanto más tiempo inviertas al principio para organizarte y planificar la estructura de tu TFG, más rápido escribirás tu primer borrador.** Por eso en este segundo paso dedica más tiempo a organizarlo todo y menos a escribir. Date tiempo para organizar tus ideas y planificar el trabajo.

Capítulo 10: 4 pasos para arrancar con tu TFG

1. Descarga la guía del TFG de tu centro

Lo primerísimo es hacerte con la guía del TFG que elabora y publica tu centro.

Como ya te he dicho, cada centro publica una guía sobre la elaboración del TFG en la que te indican todos los detalles sobre el asunto, ya que los requisitos del TFG pueden variar según el centro o incluso según la línea de investigación. En la guía suelen venir, por ejemplo, las fechas en las que debes entregar la propuesta y luego el trabajo terminado o los requisitos que debe cumplir tu plan de trabajo, etc.

Por eso tienes que localizar esa guía cuanto antes y descargártela para saber a qué ceñirte. Va a ser tu brújula a lo largo de todo el proceso de elaboración del TFG.

2. Elige el tema de tu trabajo

Si ya tienes la guía, lo siguiente es pensar el tema de tu trabajo. ¿Qué quieres investigar? ¿Sobre qué quieres escribir?

En muchos centros el tema lo propones tú (y luego tu tutor te tiene que dar el visto bueno), pero en otros puede que te lo asignen o tengas que elegir uno de una lista. Así que consulta la guía y entérate bien cómo va el asunto del tema en tu centro.

Si puedes proponerlo tú, hazlo con cabeza. Es decir, **tu tema tiene que ser viable y bastante específico**. Piensa que tienes poco tiempo para elaborar tu TFG (hasta mayo, probablemente) y suele ser un trabajo de unas 30-60 páginas (consulta eso en tu guía), así que no puedes escribir la Biblia.

Mi consejo: **echa un vistazo a la bibliografía disponible para el tema que has elegido.**

Si hay muchísima, el tema es un poco trillado y, al menos que puedas aportar algo nuevo, no es muy recomendable hacer tu TFG sobre obviedades. Al fin y al cabo no se trata de que repitas lo mismo que ya se ha dicho mil veces, sino de que aportes tus reflexiones críticas. Y es difícil tener unas reflexiones medianamente frescas sobre un tema que ha sido estudiado y analizado desde todas las perspectivas posibles. Pero si aun así ves que puedes decir algo interesante, adelante.

Si hay muy poca bibliografía, pues también es un problema porque tendrás pocos materiales para tu marco teórico. Cuidado también si ves que hay materiales pero son de difícil acceso (por ejemplo, están en una biblioteca muy específica que está a tomar por saco de tu casa, necesitas mil permisos para acceder a ellos o no tienes tiempo ni dinero para llegar a ellos).

Tanto si el tema lo puedes proponer tú como si debes escoger uno de una lista, te puede venir bien echar un vistazo al siguiente apartado de este libro en el que encontrarás algunos consejos para elegir bien el tema de tu TFG.

Cuidado: **a veces el tema está relacionado con el formato del TFG.** Por tanto consulta en tu guía qué formato puedes elegir para tu trabajo. En algunas te lo especifican, en otras no, pero mejor comprobarlo que pensar un tema que luego no podrás hacer. Con lo del formato me refiero a que no es lo mismo hacer una revisión bibliográfica que un artículo de investigación, un análisis de textos o un estudio comparativo, etc. (ya hablamos de eso en el paso 1, en el capítulo titulado «4 tipos de trabajos de investigación más comunes y cómo desarrollarlos»).

Si no tienes ni idea sobre qué tema te gustaría hacer tu trabajo, como ya te he aconsejado, echa un vistazo a la bibliografía disponible sobre tu campo de estudio. No digo que te lo leas todo, pero a lo mejor los títulos, los índices o los resúmenes de otros trabajos te inspiran y te ayudan a pensar algún tema que te atraiga.

3. Elabora una propuesta o plan de trabajo

Si ya sabes sobre qué vas a hacer tu TFG, te toca diseñar una propuesta. También se llama plan de trabajo o esquema de la investigación, según la guía, pero se trata de lo mismo.

Es muy probable que lo primero que te pida tu tutor sea que le entregues una propuesta de trabajo.

Una vez más te toca comprobar en tu guía si el plan de trabajo tiene que cumplir algunos requisitos específicos o debe incluir algunos puntos concretos.

En general, se trata de diseñar un plan de trabajo de tu TFG en el que tendrás que especificar de dónde vas a partir, a dónde quieres llegar y, lo más importante, cómo vas a llegar allí. Es decir, **en tu propuesta debes incluir**:

- el tema que has elegido para tu investigación;
- la justificación de este tema (¿por qué lo has elegido?, ¿por qué es importante?, ¿por qué se debe estudiar?);
- la base teórica en la que te vas a apoyar para desarrollar el trabajo (la bibliografía que vas a utilizar);
- los objetivos de tu proyecto;

- la metodología que vas a utilizar para conseguir esos objetivos;
- el cronograma de tareas y acciones que vas a realizar;
- los recursos que necesitas utilizar;
- los resultados más relevantes que esperas aportar.

Una vez más insisto: **consulta la guía de tu centro** porque a lo mejor en tu caso tendrás que incluir otros puntos o solo algunos de los que te he mencionado yo. Los puntos que te he puesto son para que te hagas una idea sobre qué es y con qué se come lo de la propuesta o el plan de trabajo. Pero lo que diga tu guía va a misa. Bueno, en realidad va a misa sobre todo lo que te diga tu tutor, je, je.

En cuanto a tu propuesta, **lo más importante es que sea clara, concisa y que fije objetivos**. Tienes que decir qué quieres investigar, por qué debería importar este tema a la comunidad científica de tu campo (sin fliparse, claro, tranquilo que todos saben que se trata de un TFG, pero no investigues chorradas que no le importan a nadie o ya se han estudiado mil millones de veces) y cuál es tu objetivo (u objetivos). Más adelante te explicaré con más detalles cómo hacer la propuesta.

Es buena idea leer por encima la bibliografía puesto que te puede aclarar un poco algunos conceptos de tu plan. De todas formas, no te comas la cabeza demasiado y no te entretengas con detalles sin importancia. Se trata de elaborar una propuesta viable y bien estructurada, pero es normal que todavía trates tu tema un poco por encima. Está claro que a lo mejor todavía no sabes exactamente qué artículos, libros o trabajos vas a utilizar en la parte teórica, pero sí puedes saber en qué corrientes te vas a apoyar, en qué escuelas o qué años va a abarcar tu bibliografía (por ejemplo, que van a ser trabajos de los últimos 10 años o algo así).

Cuando tengas listo tu plan de trabajo y cuando te lo solicite tu tutor, debes enviárselo.

4. Pon manos a la obra

En cuanto tu tutor te dé el visto bueno a la propuesta, ya puedes ponerte a escribir tu TFG. O lo que es lo mismo, ponerte al tajo, je, je.

Tu plan de trabajo te va a ayudar a la hora de desarrollar cada capítulo de tu TFG. Eso sí, no te preocupes si a lo largo del trabajo cambian algunos puntos de tu plan. Es normal cuando ya entras en detalle. No tengas miedo de hacer modificaciones si de verdad son necesarias.

Ya tenemos el primer problema resuelto. Ahora no solo sabes por dónde empezar tu TFG, sino que además tienes un plan de acción paso a paso para arrancar con tu proyecto.

Capítulo 11: 5 consejos para elegir el tema de tu TFG

Seguro que piensas: «¿Y qué pasa si no puedo elegir, sino que me obligan a escoger entre temas ya preparados por mi centro?». Pues no pasa nada porque los consejos que te voy a dar a continuación te sirven tanto si puedes elegir el tema tú como si tienes que elegir uno de una lista que te da tu centro (o tu tutor). Lo bueno cuando te dan una lista de temas preparados es que evitas el error de formular un tema demasiado amplio. Lo malo es que a veces no sabes cuál elegir.

Obviamente no puedo proponerte un tema concreto. Mis conocimientos se limitan a lengua y literatura españolas y aun así no puedo tomar la decisión por ti. Pero te puedo indicar ciertos aspectos importantes que siempre debes tener en cuenta independientemente del campo de estudio. Y estos aspectos son cinco.

1. Elige un tema que te guste

Aunque tengas que elegir un tema de una lista, siempre elige alguno que despierte tu interés y esté relacionado con el campo de estudio que más te gusta.

Si de entrada el tema te aburre o no te gusta, imagínate cómo será cuando pases meses investigando sobre él. Lo odiarás. También es verdad que en mayo probablemente odiarás el tema que tanto te apasionaba en febrero, pero mejor empezar con algo de ilusión, ¿no crees?

2. Comprueba si hay suficiente bibliografía sobre este tema y si es asequible

Antes de elegir tu tema, echa un vistazo a la bibliografía disponible sobre él.

Si hay muy muy poca o en idiomas que desconoces, te será muy difícil trabajar sobre este tema. Por otro lado, si encuentras muchísima bibliografía, puede significar que el tema que te atrae está muy estudiado y no es buena idea seguir por este camino.

También fíjate si la bibliografía que encuentras está disponible para ti. Me refiero a si está a tu alcance físico. Si encuentras materiales pero solo están disponibles en la Biblioteca Nacional del Quinto Pimiento, es para replanteárselo.

3. Piensa si podrás manejar los materiales relacionados con tu tema

No solo el alcance físico puede ser un problema. Piensa: ¿qué pasa si los materiales que tendrás que utilizar son manuscritos medievales? ¿Sabes descifrarlos? ¿Tienes tiempo para aprender a hacerlo?

¿Y si la bibliografía más importante está en inglés (o en alemán, ruso, qué sé yo)? ¿Sabes el idioma o tienes suficiente tiempo para aprenderlo?

¿Necesitas permisos especiales para acceder a los materiales indispensables para tu TFG? ¿Será fácil conseguirlos? ¿Cuánto tiempo te supondrá arreglarlo?

¿Para realizar tu estudio necesitas algún cuestionario o test en concreto? ¿Está disponible para ti? ¿Sabrás utilizarlo e interpretarlo?

Antes de optar por un tema, hazte estas preguntas.

4. Valora si te gusta la teoría o la práctica

Si te gusta la teoría, elige un tema que no requiera un estudio de campo, análisis de laboratorio o cualquier otro experimento práctico. Puedes optar por una revisión bibliográfica, un análisis de textos o documentos, un estudio teórico comparativo, etc.

Si, en cambio, prefieres la práctica, elige un tema que te exija pasar cuestionarios, test o realizar experimentos.

Puedes pensar que un tema práctico será mejor visto y más valorado que un tema teórico. No es así. Se puede hacer muy buen trabajo teórico y una chapuza práctica. La calidad de tu trabajo no depende de la naturaleza del tema, sino de tu habilidad de hacer un trabajo serio y bien redactado.

Si los casos prácticos no te atraen para nada, un tema así no te resultará atractivo y ¿recuerdas el primer consejo de esta lista?

5. Busca un tema que estés capacitado hacer

Este último consejo te sirve si el tema lo tienes que proponer tú.

Como te he dicho, dispones de unos tres meses para hacer tu TFG. Eso significa que tienes que delimitar el tema sí o sí. Así que **restringe el campo de estudio porque trabajar con un tema preciso te permite controlar mejor el material que hay sobre él.**

¿Qué quiero decir con eso?

Que si eliges un tema tan amplio como, por ejemplo, *La imagen de la mujer en la literatura española*, te vas a estrellar (sé que es un tema muuuuy estudiado, pero es un ejemplo). Es imposible que en tres meses y en 30-60 páginas hagas un estudio serio sobre este tema. Si lo dejas formulado tal cual, se supone que quieres investigar la imagen de la mujer en la literatura española a lo largo de todos los siglos. Es una locura. De modo que necesitas restringirlo más. Lo máximo que puedas. Incluso *La imagen de la mujer en la literatura española del siglo XX* sería demasiado amplio.

Ahora bien, si restringes tu tema a, por ejemplo, *La representación de la mujer en* La Regenta *de Leopoldo Alas «Clarín»* (otra obviedad, pero es para que te hagas una idea), no tendrás que leer infinidad de bibliografía. Sabrás dónde buscar la información y dónde no.

Cuanto más definas tu tema trabajarás mejor y más seguro.

Resumiendo, a la hora de elegir el tema de tu TFG:

- elige un tema que te guste,
- comprueba si hay suficiente bibliografía y si es asequible para ti,
- piensa si podrás manejar los materiales necesarios,
- valora si te gusta más la teoría o la práctica,
- restringe el campo de estudio.

Capítulo 12: 8 aspectos que debe incluir un buen plan de trabajo

¿Cuál es el objetivo del plan de trabajo de tu TFG?

Es verdad que tienes que entregar el plan de trabajo a tu tutor, pero en realidad **es un documento que te va a servir sobre todo para ti**. Te será muy útil a lo largo de todo el proceso de elaboración de tu TFG así que hazlo bien y no pienses que es una pérdida de tiempo.

El plan de trabajo del TFG es como una guía que contiene todos los aspectos y todos los pasos de tu trabajo. Su objetivo es definir el ámbito de tu TFG. Es decir, se trata de definir qué vas a hacer, cómo lo vas a hacer, cuáles son los pasos que vas a seguir y qué quieres conseguir. Tu plan de trabajo te permitirá avanzar más rápido. Así que cuanto antes sepas hacia dónde quieres llegar con tu trabajo y cómo lo vas a hacer, mejor.

Es cierto que a lo mejor según vayas avanzando, te darás cuenta de que tienes que modificar algunos puntos de tu plan inicial. Es normal. Pero es mejor tener un punto de partida, aunque más adelante tengas que reestructurarlo, que partir de la nada.

Imagínate que quieres hacer un viaje a Alaska (como siempre, es un ejemplo) y tienes una semana de vacaciones. Está claro que no vas a ir a lo loco sin planificar nada, ¿no? Tendrás que saber cuánto te cuesta el viaje, comprar los billetes, saber a qué hora llegas allí, dónde te vas a alojar y qué vas a hacer cada día de esta semana (por ejemplo, si te vas a quedar todo el tiempo en Anchorage y vas a ver cosas allí o te vas a mover por Alaska). Puede que una vez allí cambies tus planes un poco y a lo mejor en vez de quedarte los siete días en Anchorage decidirás visitar otros sitios cercanos, pero en general tienes planificado el viaje.

Pues el plan de trabajo de tu TFG es lo mismo. Para mí la gran ventaja de hacer esta propuesta es que **te permite pensar en los detalles del tema de tu trabajo y comprobar si tienes las ideas claras o no**. Como dice Umberto Eco:

> Hay proyectos que parecen clarísimos cuando se piensa en ellos, pero al empezar a escribir todo se escurre entre las manos. Se pueden tener ideas claras sobre el punto de partida y el de llegada, pero hay que darse cuenta de que no se sabe cómo llegar del uno al otro y qué habrá en medio.

En realidad ese es el gran objetivo de la propuesta de plan de trabajo: **saber cómo vas a llegar de tu punto de partida (el tema que vas a investigar) al de llegada (los objetivos que pretendes alcanzar)**.

En tu plan te trabajo tienes que explicar cuáles son estos puntos y cómo vas a llegar del uno al otro. No es otra cosa que decir qué quieres hacer y presentar tus ideas de forma más ordenada posible.

Como siempre te aconsejo que consultes la guía del TFG de tu centro porque puede que te indiquen puntos específicos que debes incluir o te exijan que presentes la propuesta en un determinado formato.

A continuación te resumo los puntos más comunes que se suelen incluir en estas propuestas. Sé que hacer el plan de trabajo de tu TFG no es fácil porque todavía no te has metido en el asunto. Está claro que todavía estás empezando y no puedes diseñar la propuesta con todos los detalles. Pero no te preocupes.

No necesitas un plan muy exhaustivo. Puedes diseñar un plan de trabajo bien elaborado y viable siempre y cuando especifiques más o menos todos los aspectos que te indico a continuación. Aunque ahora lo dejes un poco «con pinzas», te servirá para ir modificándolo y añadir los detalles cuando avances en tu estudio.

Ahora bien, ¿qué aspectos debes incluir en tu propuesta?

1. Presenta el tema que has elegido para tu investigación

- ¿Qué quieres investigar?
- ¿Qué tema quieres tratar?
- ¿Cuál es el objeto de tu estudio?

2. Justifícalo (explica la necesidad y la importancia de tu tema)

- ¿Por qué has elegido este tema?
- ¿Por qué es importante?
- ¿Por qué y para qué vale la pena realizar tu investigación?

3. Resume brevemente la base teórica en la que te vas a apoyar para desarrollar el trabajo

- ¿En qué materiales vas a fundamentar tu propuesta?
- ¿En qué antecedentes teóricos te apoyarás en tu estudio?
- ¿Qué información existe al respecto?

4. Señala los objetivos de tu proyecto

- ¿Qué objetivos te propones?
- ¿Qué quieres conseguir y hasta dónde quieres llegar?
- ¿Estos objetivos son viables y concretos?

5. Explica la metodología que vas a seguir para conseguir tus objetivos

- ¿Qué enfoque le quieres dar a tu estudio?
- ¿Qué procedimientos vas a utilizar para alcanzar los objetivos que te has propuesto?
- ¿Cómo vas a desarrollar tu investigación?

6. Incluye un cronograma de tareas y acciones que vas a realizar

- ¿Qué actividades tienes que realizar para alcanzar los objetivos que has planteado?
- ¿Cuándo vas a realizar cada una de ellas y en qué orden?
- ¿Cuál será tu plan de trabajo?

7. Detalla los recursos que pretendes utilizar

- ¿Qué recursos, medios e instrumentos vas a necesitar?
- ¿Qué técnicas o instrumentos vas a utilizar para recoger la información (entrevistas, encuestas, cuestionarios, test, observación, etc.)?

8. Menciona los resultados más relevantes que esperas conseguir

- ¿Qué resultados esperas obtener?
- ¿Qué conclusiones puedes extraer?

Como ves, **hacer un buen plan de trabajo requiere tiempo y mucha reflexión previa**. Es muy probable que tengas que investigar un poco sobre el tema que has elegido antes de hacer la propuesta. Pero piensa que todo esto te va a servir para luego hacer bien el TFG, así que no esperes más y pon manos a la obra cuanto antes.

Capítulo 13: 5 errores que no puedes cometer en tu propuesta

Para rematar el tema de la estructura de tu TFG quiero advertirte sobre cinco errores más comunes que te acechan cuando te pones a diseñar el esquema de tu proyecto. Pero no te voy a dejar allí, je, je. También te explicaré cómo solucionarlos.

Lo más importante es que tu proyecto sea viable. Así es. Diseñar un buen plan de trabajo no es otra cosa que diseñar el plan de un trabajo viable. ¿Qué quiero decir con viable? En pocas palabras, **un trabajo viable es aquel que puedes desarrollar con exactitud científica en el tiempo del que dispones para hacerlo.** Para lograrlo tienes que pensar en un trabajo que sea relativamente fácil para poner en marcha, que sea razonable y que funcione bien.

Ahora, **un trabajo viable no es lo mismo que un trabajo bien elaborado.** Tu TFG puede estar bien elaborado, pero no ser viable porque, por ejemplo, pretende abarcar un tema tan amplio que es imposible desarrollarlo con seriedad científica en tres meses (que es el tiempo del que más o menos dispones de febrero, cuando presentas la propuesta, hasta mayo, cuando tienes que entregar el trabajo).

Como ya sabes, aunque el objetivo es elaborar un plan de trabajo lo más riguroso y viable posible, es normal que no puedas aportar todos los detalles porque todavía estás al principio del camino hacia tu TFG. También es normal que te surjan dudas o te encuentres con algunos obstáculos y cometas errores que puedan peligrar tu propuesta. Pero para que tu camino no se convierta en un calvario quiero compartir contigo cinco errores más comunes que no puedes cometer en tu propuesta (y, como te he prometido, también te explicaré cómo remediarlos).

Error 1: Propones un tema demasiado amplio

Creo que es el error más común de todos.

¿Qué quiere decir que tu tema es demasiado amplio? Que quieres abarcar demasiado y planteas objetivos tan amplios que es imposible alcanzarlos en el tiempo previsto para tu TFG.

¿Cómo solucionarlo?

Muy fácil. Acota la problemática de estudio hasta que sea más viable y posible de llevar a cabo en tres meses.

Imagínate que tu primera idea es hacer tu TFG sobre la literatura española desde la posguerra hasta el siglo XXI. ¿Te das cuenta de la cantidad de textos que tendrías que leer para abarcar este período con suficiente profundidad? Te lo repito: tienes tres meses. Conque hacer un estudio serio sobre este tema es un desafío imposible. Como mucho te daría tiempo hacer una mala reseña de nombres y de opiniones corrientes.

Solución: acota el tema lo máximo que puedas.

Incluso si te limitaras a investigar la literatura de la posguerra y formularas el tema tal cual, *La literatura española de la posguerra*, es verdad que tendrías que analizar las obras que pertenecen solo a este período, pero tendrían que ser **todas**. En caso contrario tu estudio sería incompleto. Una vez más, ¿crees que en tres meses te da tiempo hacerlo? Te lo digo yo: ni de broma. Así que sigue acotando.

Un buen truco para acotar tu tema es definir con exactitud el ámbito geográfico y temporal de tu investigación.

Umberto Eco dijo que una tesis demasiado panorámica constituye siempre un acto de soberbia. A la hora de definir tu tema sé más modesto (y realista) y acótalo lo máximo posible. **Cuanto más restrinjas el campo de estudio, trabajarás mejor e irás más seguro.**

Error 2: Te empeñas en investigar un tema con poca bibliografía o de difícil acceso

No es lógico presentar un plan de trabajo de un estudio que no podrás realizar por falta de recursos o porque es muy difícil acceder a ellos.

¿Cómo solucionarlo?

Echa un vistazo a la bibliografía disponible sobre el tema de tu trabajo. Revisa los recursos que vas a necesitar para llevar a cabo tu investigación (cuestionarios, test, tipos de muestra, etc.).

Cuando los revises, a lo mejor te darás cuenta de que tal y como has planteado tu estudio necesitas acceder a información que es poco accesible o que depende de terceros que tú no puedes controlar. Si es tu caso, necesitas replantearte los objetivos o la metodología o incluso el tema de tu trabajo.

Te lo repito una vez más: tienes tres meses. Así que no puedes perder el tiempo en ir a buscar recursos o información donde Cristo perdió las chanclas. **Necesitas tenerlo todo a mano y de fácil acceso.** Con eso quiero decir que los recursos necesarios tienen que estar a tu alcance físico y la bibliografía tiene que ser de fácil consulta.

Imagínate que para realizar tu estudio hay documentos disponibles, pero son manuscritos medievales. ¿Sabes leer y descifrar este tipo de manuscritos? ¿Tienes tiempo para aprender a hacerlo?

Como ves, se trata de pensar en estas cosillas que se nos olvidan, pero que pueden echar abajo nuestro proyecto.

Error 3: Aplicas una metodología inadecuada

Es normal que al principio no sepas elegir las mejores herramientas y acciones para llevar a cabo tu trabajo. Es decir, puede que elijas mal las acciones que debes implementar para llegar desde tu punto de partida (tu hipótesis) al de llegada (tus resultados).

¿Cómo solucionarlo?

Pide ayuda a tu tutor si ves que no sabes muy bien qué metodología aplicar en tu TFG. Habla con él y pide que te aconseje cuál es el camino que debes seguir y qué herramientas e instrumentos serán los más adecuados en cada una de las fases de tu trabajo.

Si no hay forma humana de contactar con él y las fechas de entrega de la propuesta se te vienen encima, consulta trabajos (o artículos científicos) ya publicados que se asemejen a la temática de tu TFG.

Error 4: No tienes en cuenta la accesibilidad y el tamaño de la muestra de tu estudio

Un proyecto centrado en una población de difícil acceso, por ejemplo, es un proyecto inviable. Si tienes que desplazarte a la Conchinchina para estudiar la población que vive allí, tú me dirás si te sobra tiempo (y dinero).

Asimismo, un estudio realizado con un cuestionario entregado a cinco personas es un chiste. Un cuestionario cumplimentado por cien personas te proporcionará datos más relevantes.

¿Cómo solucionarlo?

Asumir que tu muestra tiene que ser representativa (es decir, grande).

Si para realizar tu estudio tienes que viajar al fin del mundo, necesitas mil permisos para acceder a tu muestra o esta muestra es muy pequeña, replantea tu propuesta.

A ver, está claro que con un TFG no vas a tener tiempo para analizar cien respuestas de un cuestionario. Nadie en su sano juicio espera que tu muestra sea tan grande. Al fin y al cabo se trata de que aprendas cómo hacer una investigación y no que presentes un trabajo que cambie el rumbo de tu campo de estudio (aunque si lo consigues, enhorabuena). Te señalo este punto más que nada para que lo tengas en cuenta si en un futuro quieres dedicarte a la investigación o hacer una tesis doctoral.

Error 5: Vas por la vida pensando que tienes todo el tiempo del mundo para elaborar tu investigación

Un error típico de muchos trabajos es que no son nada realistas en cuanto al tiempo de realización. De hecho, si te das cuenta, uno cae en todos los errores anteriores cuando no tiene en cuenta este factor.

¿Cómo solucionarlo?

Ser consciente de que tienes tres meses. A no ser que seas de las personas que lo preparan todo con mucha antelación y desde el segundo curso están pensando en su TFG.

Si perteneces al resto de los mortales (en este grupo yo me incluyo también), grábatelo en la frente o yo qué sé dónde: **los objetivos de tu TFG tienen que ser sensatos, realistas y deben adaptarse a lo que realmente puedas conseguir**.

También ten en cuenta el tiempo del que dispones por una cosa más. En contra de lo que pueda parecer, escribir el TFG no es un trabajo solitario (o al menos no debería serlo). Se supone que debes estar en constante comunicación con tu tutor (hablamos de una situación ideal, ¿vale?) y para que él te dé un feedback de calidad (seguimos con la visión utópica), tienes que ir entregándole partes de tu trabajo con tiempo y no hacerlo todo a última hora.

Sé que los tutores muchas veces brillan por su ausencia. Sé que a veces no hay forma de comunicarse con ellos. Pero, por otro lado, seamos justos. Si tu tutor te ayuda con tu TFG, responde a tus correos y resuelve tus dudas, no des por hecho que debe dedicarte las 24 horas de su día. Así que **si le entregas tu trabajo en el último momento, no esperes una revisión de calidad**. Lo más normal es que tu tutor lo hojee muy por encima (o te mande a tomar por saco).

Pues ya está, estos son los errores que quiero que evites para que diseñes una buena propuesta de plan de trabajo de tu TFG: seria, realista y viable.

Capítulo 14: Qué es la metodología y qué tiene que ver con la anticoncepción

Te voy a explicar qué es la metodología con un ejemplo con el que enseguida pillarás la idea: el sexo. En concreto hablaremos sobre cómo prevenir un embarazo no deseado.

Como ya sabes, hay muchos métodos anticonceptivos, pero centrémonos en estos tres: hormonal, de barrera y natural. El método hormonal cuenta con varias herramientas: anillos, parches, píldoras, implantes, etc. También el de barrera: preservativos, diafragmas, espermicidas... Lo mismo el natural: abstinencia (si aguantas, desde luego es el más efectivo, ja, ja), temperatura basal, ritmo, marcha atrás, etc.

Vale, pues ahora piensa como si se tratara de una investigación. Tu objetivo sería prevenir el embarazo. Para conseguirlo podrías aplicar el método hormonal (sería tu metodología) y elegir la píldora (sería tu herramienta).

Ahora bien, la metodología depende del objetivo de tu investigación. Te lo explico siguiendo el mismo ejemplo. Imagínate que tu objetivo no solo es evitar un embarazo no deseado, sino que además quieres protegerte contra las enfermedades de transmisión sexual. En este caso aplicarías el método de barrera y como herramienta utilizarías un preservativo.

Volvamos al ámbito científico. Ya hemos dicho que **la metodología es la vía para llegar a tu meta** (obtener resultados en tu investigación, conseguir tu objetivo). Si te fijas, en muchos estudios cuando el autor describe la metodología que aplicó en su trabajo, en realidad explica qué herramientas usó. Claro que, por un lado, la metodología se puede separar de los materiales, pero, por otro, se trata de dos conceptos que están muy relacionados. Así que puedes explicar cómo vas a desarrollar tu investigación, qué método vas a seguir, indicando qué materiales vas a utilizar para lograr tu objetivo.

Te voy a poner un ejemplo para que lo entiendas bien. Supongamos que el objetivo de tu investigación es evaluar las habilidades psicológicas de los entrenadores de fútbol para saber qué habilidades mentales utilizan en su práctica deportiva. Este sería el qué de tu trabajo, la respuesta a la pregunta ¿Qué quieres investigar? Tu meta sería conocer cuáles son estas habilidades. El paso siguiente sería responder a cómo vas a desarrollar tu investigación. ¿Cuál es la vía a través de la que pretendes llegar a tu meta? Como ves, no es otra cosa que indicar la metodología que vas a seguir en tu trabajo. Entonces tu respuesta podría ser que vas a utilizar el cuestionario CPRD-EF (Cuestionario Psicológico de Rendimiento Deportivo para Entrenadores de Fútbol). Este cuestionario sería el método que vas a utilizar para conseguir tu objetivo.

Otro ejemplo. Digamos que quieres analizar cómo dos periódicos (*ABC* y *El País*, por ejemplo) dan la cobertura informativa sobre un determinado caso de corrupción (el caso Gürtel, el de los ERE en Andalucía o cualquiera que elijas). Tu objetivo sería conocer las características de la información sobre este caso publicada por cada uno de los dos periódicos. Entonces la vía para conseguir tu meta (tu metodología) podría ser un análisis de contenido y lo más probable es que sea un análisis comparativo.

Espero que a partir de ahora te quede claro en qué consiste la metodología de tu TFG. De todas formas, si quieres profundizar en los principales métodos de investigación, te recomiendo el libro de Daniel S. Behar Rivero titulado *Metodología de la investigación*.

Capítulo 15: Los 10 mejores sitios de Internet para encontrar la bibliografía

Saber dónde puedes encontrar artículos, libros o estudios relacionados con el tema de tu trabajo es muy importante no solo a la hora de preparar el marco teórico de tu TFG. Echar un vistazo a la bibliografía disponible sobre la materia que te interesa te puede ser muy útil para elegir y formular el tema de tu trabajo o para diseñar la propuesta inicial.

Para seleccionar tu bibliografía hoy en día no hace falta que te pases horas y horas en una biblioteca rebuscando en los archivos. Por supuesto puedes hacerlo, pero también hay sitios fiables en Internet en los que encontrarás los mismos materiales o incluso muchos más (o más modernos).

Está claro que si tu trabajo trata sobre manuscritos, las primeras ediciones o documentos antiguos, no te queda otra que ir a la biblioteca. Pero a veces uno no tiene tiempo para desplazarse y actualmente casi todas las bibliotecas ofrecen catálogos online en los que puedes encontrar revistas, artículos y libros enteros en formato electrónico. Así que por qué no aprovechar esta ventaja y en vez de perder el tiempo en desplazarte hasta la biblioteca, utilizarlo para buscar la bibliografía para tu trabajo en Internet.

Ahora bien, como ya sabes, no todos los sitios en Internet son de fiar, pero tampoco es que el Internet sea lo peor. Te aseguro que **puedes encontrar información muy valiosa, pero tienes que saber dónde buscar**.

Además, la información disponible en la red (en los sitios de fiar) suele estar bastante más actualizada ya que se publica enseguida. Es decir, no tiene que pasar por el proceso de impresión por lo cual todos los descubrimientos importantes están disponibles en pocos días (si no horas).

Por supuesto busques donde busques, **revisa todo lo que encuentres** porque incluso en los sitios más fiables se puede colar una oveja negra.

Dicho esto, vayamos al grano (y espero que, gracias a este listado, nunca más tengas problemas con buscar la información para la base teórica de tu trabajo).

1. La biblioteca de tu universidad

Desde luego **será difícil encontrar una fuente más fiable** que la biblioteca de tu propia universidad.

Como ya te he dicho antes, hoy en día casi todas las bibliotecas tienen una colección de libros, revistas y artículos en formato electrónico. Puedes acceder al catálogo de la biblioteca disponible online y allí buscar lo que necesites. Lo más seguro es que para acceder a estos materiales (igual que a los en papel), deberás tener el carné o identificarte de alguna forma como alumno de la universidad.

Nunca he utilizado la biblioteca de la UNED porque estudiaba en la Complutense, pero he visto en su página que ofrecen recursos electrónicos como bases de datos, revistas y libros electrónicos. Incluso publican una guía en la que te explican paso por paso cómo acceder a estos recursos (http://www2.uned.es/biblioteca/guias_uso/GuiaBibliotecaGeneral4.html#recursos).

Si no estudias en la UNED, no te preocupes. Estoy convencida de que cada universidad ofrece recursos electrónicos a sus estudiantes y suelen ser muy buenos.

2. Google Académico

Google Académico (https://scholar.google.es/), también llamado Google Scholar, es un buscador especializado que rastrea e indexa toda la documentación científica disponible en la web. Allí podrás encontrar, según cada caso, tanto referencias bibliográficas como documentos enteros (de libre acceso o de pago).

Google académico registra:
- artículos de revistas
- materiales de congresos
- trabajos científicos de libre acceso
- tesis y trabajos académicos
- libros
- referencias bibliográficas
- páginas web académicas (de universidades, bibliotecas, centros de investigación, etc.)

Lo bueno que **está en español**, pero por supuesto puedes buscar documentos escritos en otros idiomas.

3. Google Libros

También conocido como Google Books (https://books.google.es/).

Desde hace un tiempo Google digitaliza libros y los almacena en su base de datos. La idea era construir una gran biblioteca digital para crear conexiones entre todos los libros indexados y determinar su utilidad, relevancia y la calidad de sus citas.

Google Libros es un servicio que ofrece los resultados de este trabajo. Allí encontrarás tanto libros completos (aunque son los que menos) como vistas previas de algunos capítulos o solo referencias bibliográficas.

No hace falta que busques los libros por autores o títulos. **Puedes buscar por palabras clave** (como lo harías en una búsqueda web). Si Google Libros encuentra algún libro que incluya los términos de tu búsqueda, te lo mostrará. También te dirá dónde puedes comprarlo o qué bibliotecas lo tienen en su catálogo.

Igual que Google Académico este servicio **está en español**, pero puedes buscar libros en otros idiomas.

4. JSTOR

JSTOR (https://www.jstor.org/) es la abreviación de Journal Storage. Se trata de **un gran archivo de revistas académicas y libros**. Es verdaderamente útil. La única pega es que, a diferencia de los sitios anteriores, JSTOR **está en inglés, pero puedes buscar allí textos en español**.

Para acceder al sistema tienes que registrarte con un correo electrónico. Nada complicado. Una vez dentro tienes la posibilidad de acceso gratuito y de pago.

El acceso gratuito te permite guardar hasta tres artículos en tu librería y puedes borrar alguno solo cuando pasen como mínimo 14 días. Es decir, podrás consultar como mucho tres materiales cada dos semanas. El acceso gratuito no te permite descargarlos, así que tendrás que leerlos en línea.

Créeme que vale la pena escarbar allí. **Encontrarás un montón de revistas y artículos.** Para mí es el mejor sitio para buscar bibliografía justo después del archivo de la biblioteca de tu universidad.

5. Academia.edu

Academia.edu (https://www.academia.edu/) es **una red social** en la que los científicos e investigadores comparten sus trabajos.

Para acceder a ella tienes que registrarte con un correo electrónico. Es muy sencillo. Una vez dentro verás que cada usuario tiene su perfil, puede tener seguidores o seguir a los demás. No hace falta que participes en este portal de forma activa. Simplemente puedes buscar textos que te interesen.

Está en inglés, pero contiene trabajos en muchos idiomas, así que podrás buscar textos en español.

Lo malo es que en cuanto a la fiabilidad hay de todo. La mayoría de los trabajos es muy buena, pero de vez en cuando puedes encontrar alguna sorpresilla. Pero por lo general es una fuente de fiar.

6. DOAJ

DOAJ (https://doaj.org/) es la sigla del inglés Directory of Open Access Journals. O sea, **un gran directorio de revistas académicas y científicas de libre acceso** y de muy buena calidad.

Como los sitios anteriores, **está en inglés, pero encontrarás allí artículos en todos los idiomas**. Tranquilamente puedes buscar textos en español. En el cuadro de búsqueda pones tu palabra clave y listo. El directorio te mostrará los artículos relacionados con tu búsqueda.

Lo bueno es que **allí muestran solo los materiales disponibles a texto completo** (o por lo menos eso creo). Así que no te toparás con fragmentos o textos disponibles solo en la versión de pago. Además, puedes encontrar artículos de todas las materias académicas. De verdad vale la pena echar un vistazo a este directorio.

7. Ciencia Science

Ciencia Science (https://ciencia.science.gov/) es un portal con la información científica y las investigaciones del gobierno de los Estados Unidos.

No lo he probado, pero, por lo que dicen en su página web, este portal tiene muy buena pinta ya que ofrece búsquedas de más de 60 bases de datos, 200 millones de páginas de información científica y 2200 páginas web científicas.

Está en español y en inglés, así que no deberías tener dificultades a la hora de buscar lo que necesites.

8. Science Direct

Science Direct (http://www.sciencedirect.com/) es una plataforma electrónica que ofrece libros electrónicos y más de 1800 revistas científicas.

No la he utilizado nunca, pero la gente habla bien de ella. Se supone que encuentras artículos científicos en texto completo, pero debes hacer clic en *Advanced search* y filtrar tu búsqueda por *Open Access articles only.*

Está en inglés, pero puedes buscar textos en español.

9. OSTI

OSTI (https://www.osti.gov/) es la sigla del inglés Office of Scientific and Technical Information of U. S. Department of Energy.

Se trata de una base de datos que proporciona bibliografía sobre la tecnología energética. Tampoco he buscado nada allí ya que contiene publicaciones que no pertenecen a mi campo de estudio. Son materiales relacionados con química, ingeniería, medio ambiente, biomedicina, física, pero vinculados con la tecnología energética.

También en inglés, pero puedes buscar textos en español.

10. SciELO

Scientific Electronic Library Online (http://www.scielo.org/php/index.php?lang=es) es una biblioteca virtual con revistas científicas españolas de ciencias de la salud.

No la he utilizado nunca directamente, pero es bastante popular. En su página web dicen que proporcionan acceso a los artículos de texto completo. Puedes buscar por medio de un índice de autores, un índice de materias o un formulario de búsqueda.

Está en inglés, español y portugués.

Capítulo 16: La técnica de 3 pasos para preparar la bibliografía de tu TFG en 1 día

Te pones en contacto con tu tutor y te pide que en la primera entrega le envíes la introducción, el índice, el marco teórico y... **la bibliografía**. ¡¿La bibliografía en la primera entrega?! Pero si tú todavía no te has leído ni un solo libro. Uy, leído, ni has elegido qué libros o artículos vas a utilizar en tu TFG. ¿Y cómo narices pretenden que en 15 días prepares la bibliografía?

Perece imposible pero no lo es. Te diré más: te sobran 14 días.

Te explicaré **cómo tener lista la bibliografía de partida para tu trabajo en 1 día** (si tienes tiempo y te pones en serio).

¿Por qué te piden la bibliografía de tu TFG antes de empezar a escribirlo?

Puedes pensar que el único objetivo de pedirte la bibliografía en la primera entrega es porque tu tutor se ha empeñado en hacerte la vida imposible. Como si ya no tuvieras bastante con el maldito TFG. Pero no es así. De hecho, elegir la bibliografía para tu trabajo es (junto con el plan de trabajo) una de las primeras cosas que deberías hacer antes de empezar a escribir.

En esta primera entrega tu tutor quiere que le indiques la estructura que va a tener tu trabajo, el objetivo que quieres alcanzar, cómo lo vas a hacer y en qué libros, artículos, investigaciones o trabajos te vas a apoyar. Si lo piensas bien, no parece tan alocado. **En realidad es lo que debes saber sobre todo tú antes de ponerte a escribir.**

Si tu tutor es de los que te hacen caso, esta información le sirve para orientarte si vas mal encaminado o si puede aconsejarte para mejorar algunos aspectos del trabajo. Pero para ti toda esa información que tu tutor te pide en la primera entrega debería ser tu hoja de ruta, tu brújula, la base en la que vas a edificar todo tu TFG.

Está claro que tienes que buscar trabajos relacionados con tu tema, ver qué hay y elegir los que te pueden servir, pero no pretendes leer todos los libros que encuentres, ¿no? De hecho cuando tu tutor te pide la bibliografía en la primera entrega, no espera que te hayas leído todo. Solo quiere saber **cuáles son los posibles materiales en los que piensas apoyar tu trabajo**. Porque buscar la bibliografía para tu TFG consiste básicamente en buscar libros, artículos, investigaciones o trabajos **cuya existencia no conoces todavía.**

Y tú pensarás: Muy bien pero ¿cómo elijo los que me sirven sin leerlos? ¿Cómo hacerlo y elegir los que me valen sin tener que leer todo lo que encuentre? Eso es precisamente lo que te voy a explicar a continuación.

Cómo elegir tu bibliografía de partida sin tener que leer todo lo que encuentres

La idea es que sepas consultar un catálogo sin tener ni idea qué materiales vas a encontrar de tu tema y que termines la búsqueda sabiendo algo más sobre el mismo. Vamos, que tengas tu bibliografía elegida. ¿Cómo puedes hacerlo?

Es muy fácil. Mi técnica consiste en **3 sencillos pasos**:

Paso 1: Busca por palabras clave

No tiene sentido que hagas tu primera búsqueda por apellidos si todavía no sabes qué quieres.

Es decir, no puedes buscar por apellidos porque cuando buscas tu bibliografía por primera vez, todavía no sabes qué trabajos vas a elegir, ni quién ha escrito qué. Así que **lo más fácil para ver relativamente rápido qué se ha escrito sobre el tema de tu trabajo hasta ahora es buscar utilizando las palabras clave**.

Por ejemplo, si tu TFG trata sobre el maltrato hacia las personas mayores en residencias, puedes poner en el cuadro de búsqueda del catálogo *maltrato a personas mayores* y te saldrán libros, artículos, trabajos e investigaciones relacionados con este tema.

Cuando tengas los resultados de tu búsqueda, te toca dar el paso 2.

Paso 2: Elige los materiales más relevantes para tu tema

Una vez que tengas la lista de todos los materiales relacionados con las palabras clave de tu búsqueda, debes elegir los más relevantes.

Cuando te digo que deben ser los más relevantes, me refiero a **que se relacionen lo máximo posible con el tema de tu trabajo**. Sabrás de qué trata cada trabajo por su título y si el título no te dice demasiado, puedes echar un ojo al resumen (abstract) si es un artículo de revista o al índice si se trata de un libro.

Si seguimos con el ejemplo del punto anterior, el tema de tu TFG sería el maltrato hacia las personas mayores en residencias. (Por si acaso aviso que es un ejemplo inventado por mí. No soy experta en trabajo social y este ejemplo sirve solo para que entiendas mejor en qué consiste el proceso).

Volviendo al asunto que nos ocupa, si este fuera el tema de tu TFG, deberías elegir solo aquellos materiales que hablan de maltrato en residencias y desechar los que estudian el maltrato en el ámbito familiar, por ejemplo. Asimismo, si el ámbito de tu estudio abarca España (o una comunidad en concreto), desecha los materiales que analizan el maltrato hacia las personas mayores en otros países (o en las comunidades que no abarcan el tema de tu trabajo).

Puedes optar por incluir algún estudio más general si, por ejemplo, necesitas hablar de los instrumentos que permiten detectar la sospecha del maltrato. Pero no metas todos los trabajos que encuentres en la lista. Selecciónalos bien.

Este paso te puede servir no solo para elegir la bibliografía de tu TFG. Si no tienes ni idea sobre qué hablar en tu trabajo, esta búsqueda te puede ayudar a planificar el contenido. ¿Cómo? Muy sencillo. Al ver los títulos de los trabajos que te salen en la lista, te puedes hacer una idea desde qué perspectivas otros investigadores han abordado tu tema. Y eso te puede dar ideas para organizar tu estudio.

Una vez que elijas los trabajos más relevantes para el tema de tu TFG, te falta dar el último paso.

Paso 3: Mira la bibliografía de los materiales que has elegido

Si has seguido los dos pasos anteriores, ahora deberías tener una lista de los posibles materiales que podrías utilizar en tu TFG. **No te preocupes si no has encontrado muchos. De momento con 3 o 5 te vale.**

Si son materiales disponibles online, descárgatelos. Cuando los tengas, mira la lista final de las referencias bibliográficas de cada uno de ellos. Allí encontrarás más materiales pero ya relacionados con el tema de tu TFG.

Si con la búsqueda por palabras clave has encontrado poco, ahora **podrás ampliar tu lista con las obras que citan los demás**. Además, si comparas la bibliografía de cada trabajo que has elegido, rápido te darás cuenta de que probablemente habrá estudios que se repiten en cada lista. Vamos, verás que hay obras que citan todos. Gracias a eso te harás una idea de cuáles son, de entre los materiales citados, los que la mayoría de los investigadores considera básicos. Esos pueden ser los trabajos más importantes.

Eso sí, **siempre recuerda que deben ser materiales relacionados con el tema de tu trabajo**. No metas paja. Por muy importante que parezca si un trabajo no tiene que ver con tu tema, no lo metas en tu bibliografía.

Ya está. Gracias a esta técnica de tres pasos tienes tu bibliografía que de momento constituirá una base de partida en la que puedes apoyar tu TFG. ¡Y lo has conseguido en 1 día!

Es probable que tardes un poco más si no tienes mucho tiempo o tienes que consultar varios catálogos porque en el primero no encuentres materiales relacionados con tu tema. Pero si piensas bien las palabras clave de tu búsqueda y de verdad eliges los trabajos más relevantes, te aseguro que, en el peor de los casos, no deberías tardar más de tres días en tener lista tu bibliografía inicial.

Capítulo 17: 7 claves para planificar tu TFG con éxito

No es lo mismo trabajar que organizar el trabajo. Y ya sabes que sin una buena organización hacer el TFG se convertirá en una de las peores experiencias de tu vida.

Un TFG es un proyecto relativamente grande. Con grande me refiero a que no te lo puedes quitar de encima de una sentada. Del mismo modo en una tarde no puedes organizar tu boda ni reformar el baño de tu casa ni escribir un libro ni encontrar el colegio para tu hijo. Todos estos proyectos (y escribir el TFG está entre ellos) requieren tiempo y planificación porque si no los planificas, te agobiarás y los irás postergando.

Cuando te enfrentas al TFG al principio del curso, te empiezas a agobiar por todo: por los plazos de entrega, por las líneas, por el tema, por el tutor, por la bibliografía, por el plagio, por las citas, por el formato APA... ¿Me equivoco? En cuanto matriculas el TFG empieza la fiesta: lo único que ves es un proyecto enrome que no tienes ni puñetera idea por dónde coger, así que te dan los siete males y entras en modo pánico. Como consecuencia te pones mil excusas para no ocuparte del dichoso TFG, te dices «ya lo haré mañana» o «a partir del lunes me pongo fijo», pero ni mañana ni el lunes haces nada, el tiempo pasa, las fechas de entrega se acercan y tú te tiras de los pelos porque se te acumula todo.

La solución a este eterno postergar es sentarte y planificar todo tu trabajo, pero la clave está en hacerlo bien. ¿Cómo? Aquí te dejo siete claves.

1. Divide todo el proyecto en pasos diminutos

Como te he dicho, el TFG es un proyecto grande que no te puedes quitar de encima de una sentada. Por eso cuando todavía ni siquiera has empezado, piensas en todo lo que te queda por hacer y te agobias.

Para quitarte este agobio de encima y empezar a actuar tienes que dividir todo el proyecto en pasos muy pequeños. Es decir, no pongas en tu agenda una tarea que es *hacer el TFG* porque es demasiado general. Si la miras, en realidad no tendrás ni idea por dónde empezar, así que **divide el proceso en pasitos que tienes que dar para alcanzar tu objetivo**.

Me refiero a pasos como: pensar el tema, enviar la propuesta del tema al tutor, hacer la propuesta del TFG, enviarla al tutor, buscar la bibliografía, seleccionar la bibliografía, leer los materiales, etc., hasta el último punto que sería presentar el TFG. Incluso puedes dividir algunas de estas tareas (como leer los materiales) en pasos todavía más pequeños (por ejemplo, leer al artículo A, leer al artículo B, etc.).

La idea es dividir el gigante en pedacitos tan pequeños que se puedan «tragar» de un bocado. Así no te agobias porque en vez de ver un enorme proyecto que no tiene fin, **ves pasos que puedes realizar en relativamente poco tiempo**, sabes lo que tienes que hacer y cuál es el siguiente paso. Y gracias a eso vas a avanzar con tu proyecto con un paso firme porque nada te quita tanta energía y ganas de trabajar como no saber qué tienes que hacer.

2. Ten claras las fechas límite

Si te fijas bien, te aconsejo que te enteres de todas las fechas límite, no solo de la fecha límite de entrega de tu TFG.

Es decir, por ejemplo, cuándo tienes que contactar por primera vez con tu tutor, cuándo tienes que elegir el tema, cuándo debes enviar la primera entrega, hasta cuándo puedes introducir todas las correcciones o modificaciones, etc.

La fecha límite de entrega es el punto final de tu proyecto, pero todas estas fechas intermedias **son como los puntos de control por los que tienes que pasar en determinado momento para llegar a la meta**. Si sabes cuándo debes pasar por cada uno de ellos, podrás planificar mucho mejor todo el trabajo.

3. Ten en cuenta tu día a día

A la hora de planificar no te olvides de la realidad que te rodea. **El mundo no se va a parar solo porque tú tienes que hacer el TFG.** Si tienes hijos, pues seguirán viviendo contigo mientras tengas que escribir el TFG. Si trabajas, por mucho que te pese, tendrás que ir a trabajar cada día. Si tienes más asignaturas, tendrás que asistir a clases (si estudias de forma presencial) y estudiar para los exámenes.

Así que cuando planifiques todas las acciones necesarias para llevar a cabo el TFG, no te olvides de que el mundo sigue y que hay más vida en él que el dichoso trabajo de fin de grado. Una buena planificación incluye también tus obligaciones cotidianas.

4. No te olvides de los imprevistos

Una cosa es tu rutina diaria y otra los imprevistos. Como su nombre indica, **no puedes preverlos, pero sí tenerlos en cuenta a la hora de planificar**.

Al universo le da exactamente igual que este año te toca hacer el TFG, así que no va a salvarte de tuberías, lavadoras o coches estropeados. Nadie te asegura que tu hijo justo este año no pille la gripe, que no inundes a tus vecinos o que no te duelan las muelas. Parece que son todo calamidades, pero no se me ocurre ningún imprevisto agradable, je, je.

Ojalá no te ocurra nada de eso, pero desgraciadamente nadie te lo puede asegurar. Así que cuando planifiques tu TFG, siempre añade un tiempo extra para los imprevistos.

5. Cuenta con las posibles dificultades

¿A qué me refiero con las dificultades? Te lo explico. Por ejemplo, puedes suponer que vas a tardar dos semanas en elegir la bibliografía porque es pensar qué libros o artículos necesitas y luego buscarlos en Internet o sacarlos de la biblioteca y ya. ¿Y si resulta que no es tan fácil encontrarlos? ¿Y si los artículos que querías solo están en inglés y tú inglés ni papa y tienes que buscar otros? ¿Y si el libro que necesitas está prestado y tienes que esperar hasta que lo devuelvan?

No quiero ser un pajarraco de mal agüero y no digo que en cada paso te vas a topar con un muro, pero tampoco puedes pensar que todo va ir como la seda. Una buena planificación tiene en cuenta las posibles dificultades, así que incluye en tu agenda márgenes de tiempo por si las moscas.

6. Sé realista

Es decir, si normalmente te levantas a las 8:00, no te propongas que te vas a levantar a las 5:00. Ya te digo yo que no lo vas a hacer de forma regular porque la diferencia es demasiado grande. A lo mejor lo haces un día, pero al tercero dirás que a la mierda todo.

Tampoco te propongas ponerte con el TFG cada día 4 horas si tienes hijos, trabajas a jornada completa y te quedan más asignaturas para estudiar. Y ni se te ocurra decir «A partir de enero hasta que entregue el TFG se acabaron los fines de semana, no quedo con nadie, no salgo ni me divierto» porque no lo vas a hacer. No te amargues tu existencia. Que tengas que dedicarle tiempo al TFG no significa que no puedas descansar y divertirte hasta que lo presentes. Es más, necesitas desconectar de vez en cuando y recargar las pilas.

Te diré un secreto: **no siempre tendrás ganas de ponerte**. Así de claro. Si eres realista, debes reconocer que no vas a estar motivado a tope las 24 horas al día durante los 7 días de la semana. Vendrán días en los que lo único que harás es el vago, así que tenlos en cuenta a la hora de planificar tu agenda.

El objetivo es hacerte un cronograma que te permita ponerte con el TFG de forma **sistemática**, no apagar fuegos cuando se te viene encima alguna de las fechas límite. Por eso planifica todos los pasos con cabeza y márcate unos objetivos realistas y un ritmo que puedas aguantar durante los tres o cuatro meses que necesitas para terminar el TFG.

7. Calcula bien el tiempo que vas a dedicar a cada tarea

Cuando una tarea es nueva para ti, es normal que no tengas ni idea cuánto tiempo necesitas para completarla. Hacer el TFG va a ser un camino desconocido si lo matriculas por primera vez (y yo te deseo de todo corazón que lo apruebes a la primera), así que no te agobies si al principio no sabes cuánto tiempo te llevará buscar la bibliografía, desarrollar el esquema o escribir cada parte de tu trabajo.

Por eso cuando planifiques tus tareas, puede ser que no atines con el tiempo que requieren. Si tardas menos, no hay ningún problema porque consigues un tiempo extra. Lo malo es cuando te pasas de optimista a la hora de planificar y luego tardas el doble. Así que para no pillarte los dedos, siempre añade a las tareas que vas a hacer por primera vez un poco más de tiempo de lo que piensas.

Otro truco que te puede ser útil es dividir una tarea en subtareas más pequeñas porque cuanto más pequeños los pasos, más fácil te será calcular cuánto tiempo requieren. Por ejemplo, no es lo mismo prever cuánto tardarás en leer todos los materiales que necesitas para tu trabajo que calcular cuánto te llevará leer un artículo.

Capítulo 18: Consejos para esta etapa

1. Guarda todos los materiales bien organizados en un solo sitio

Si eres una persona bien organizada, pasa al punto siguiente, pero si eres como yo, sigue leyendo.

Organiza bien todos los materiales que utilizas para hacer tu TFG. Si son en papel (como fotocopias, apuntes a boli, notas, etc.), guárdalos siempre en el mismo sitio. Y, por lo que más quieras, **acuérdate de qué sitio es**. Puedes utilizar carpetas, archivadores o incluso cajas de zapatos vacías destinadas para cada parte de tu trabajo.

Si son archivos electrónicos, organízalos en carpetas y subcarpetas. Puedes crear una carpeta para cada parte de tu trabajo (introducción, materiales y métodos, tablas y figuras, etc.) y guardar allí toda la información relevante para la parte en cuestión. También puedes escribir cada capítulo de tu trabajo en un archivo aparte.

Me da igual cómo lo organices, elige el método que más te guste, pero tienes que llevar algún orden para saber en cada momento dónde están todos tus materiales y poder encontrar cualquier cosa en menos de tres minutos.

2. Apunta o señala las posibles citas

Cuando leas la bibliografía, por favor, acuérdate de señalar o apuntarte las posibles citas que vas a utilizar en tu trabajo. Te aseguro que te cagarás en todo lo que se menea (así, tal cual) cuando en la siguiente etapa estés escribiendo cada capítulo y querrás poner una cita porque te suena que has leído algo que te viene niquelado para ponerlo justo allí, pero no sabes en qué libro era o sabes el libro, pero no tienes ni idea en qué parte exactamente.

Como tengas que volver a hojear todos los libros que has leído (o aunque sea solo uno) en busca de la maldita cita, te acordarás de este consejo.

3. Apunta todos los datos de la cita para la bibliografía final

Una variación del caso anterior igual de divertida porque ahora tienes la cita, pero te faltan datos para ponerlos en la bibliografía final. Es decir, no sabes el título del libro (o del artículo) ni los autores ni la fecha de la publicación ni el año ni la editorial. Lo más divertido es cuando tienes todo, pero te faltan los números de página.

Hazme caso y **anota todo en el mismo momento en el que encuentras la cita**. Si lo prefieres, puedes hacer una foto con el teléfono, pero, ¡por Dios!, recoge todos los datos. Y mejor aún, guárdalos todos en el mismo sitio.

Paso 3: Escribe tu primer borrador

Tu objetivo: Tener listo el primer borrador de tu TFG

A estas alturas de tu vertiginosa aventura con el TFG tu tutor te ha dado el visto bueno al tema, has hecho la estructura, has planificado tu trabajo, has elegido la bibliografía en la que te vas a apoyar y te has puesto a investigar. El siguiente paso es poner manos a la obra y escribir tu TFG.

Es la etapa más temida por todos y en la que surgen un montón de dudas, problemas y bloqueos. ¿Sabes por qué? Porque casi a nadie nos gusta escribir. No nos gusta, pero nos obligan a hacerlo. Si quieres terminar la carrera, no te queda más remedio que escribir el dichoso TFG, si quieres hacer un máster, te espera el TFM y si quieres tener el título de doctor, agárrate los machos que vienen curvas con la tesis doctoral.

Sé que piensas que escribir bien es un don que se tiene o no y si tú no has nacido con él, no tienes nada que hacer. No te queda más remedio que asumir que la elaboración de cualquier texto académico se va a convertir en un calvario y punto. Sí, es frustrante, desilusionante y desesperante a partes iguales. Pero no te culpes. ¿Cómo narices vas a disfrutar escribiendo tu TFG si nadie te dice cómo se hace?

La buena noticia es que para escribir bien no hace falta ser un genio de la escritura. Simplemente necesitas un poco de ayuda, que alguien te guíe y te explique paso a paso cómo realizar un trabajo académico. Y eso es lo que estás aprendiendo con este libro.

La mala es que tu TFG no se va a escribir solo. Tienes que sentarte y escribir. Y precisamente este es el objetivo del presente paso: escribir el primer borrador de tu trabajo. Pero que no cunda el pánico. Sigue leyendo y verás que la elaboración del TFG no tiene por qué ser del todo un martirio porque te explicaré qué estructura debes seguir y cómo elaborar cada parte de tu trabajo. La clave está en volcar todo el contenido en el papel (bueno, en el ordenador) sin pararte a corregir ni revisar. **La regla de esta etapa es: escribe primero, luego edita.** De hecho el último paso consistirá en editar y revisar tu TFG, así que de momento solo escribe.

Capítulo 19: Problemas más comunes en esta etapa

Como en las etapas anteriores, lo más normal es que durante la elaboración de tu primer borrador surjan ciertos problemas y obstáculos. Ya te he dicho que esta es la etapa con más bloqueos y dificultades ya que nadie nace sabiendo cómo hacer un trabajo de investigación. No te preocupes porque a continuación he reunido los problemas más comunes en esta etapa y te explicaré cómo solucionarlos.

No sabes qué poner en cada parte de tu investigación

Como ya sabes, los trabajos de investigación y los artículos científicos fundamentados en estudios experimentales siguen un orden y una estructura general que incluye Resumen, Introducción, Métodos, Resultados, Discusión y Conclusiones. Si en tu TFG debes seguir esta estructura y no tienes claro qué exactamente poner en cada parte, tienes un gran problema porque apuesto lo que quieras a que la escritura de tu trabajo se convertirá en una experiencia frustrante y caótica.

Aunque no tengas ni la más remota idea cómo redactar todos estos apartados, si estás leyendo este libro aún estás a tiempo para aprenderlo. A continuación te explicaré paso a paso cómo escribir desde el resumen, pasando por las tablas y figuras, hasta las conclusiones y los anexos de tu investigación. Faltaría explicarte cómo redactar las referencias bibliográficas, pero, dado que es un tema muy extenso, lo trataré a fondo en mi siguiente libro dedicado exclusivamente a cómo citar y referenciar de acuerdo con las normas APA.

Tienes problemas con la escritura

Vale, ya sabes qué tipo de información debes incluir en cada parte de tu trabajo, pero a la hora de redactar todo el contenido te dan ganas de tirarte por la ventana. Si en la universidad no hay clases de redacción científica, es normal que no sepas cómo se redacta un trabajo de investigación: qué tiempos verbales utilizar en cada apartado, qué estilo emplear, cómo exponer tus ideas de forma clara y con un rigor científico, etc.

Que alguien me corrija si me equivoco, pero a lo largo de los cuatro años (en mi caso fueron cinco) de carrera no se nos entrena en la habilidad de redactar los trabajos de investigación, nunca escribes nada parecido a un TFG ni recibes feedback en cuanto a tu redacción. En estas circunstancias, cuando llega el momento de poner por escrito el contenido de tu TFG, el drama está servido. Tienes delante el archivo de Word con su cursor que parpadea sobre la hoja tan blanca como la nieve virgen y lo único que sabes hacer es mirar la pantalla. Y la pantalla te mira a ti.

Pues para que arranques de una vez, te daré algunos consejos sobre cómo se redacta un trabajo de investigación.

No sabes si estás haciendo plagio

El problema estrella de los lectores de mi antiguo blog era: ¿cómo puedo saber si estoy cometiendo plagio?

Un TFG es un trabajo de investigación por lo que tienes que apoyarte en los estudios de otros autores. Cuando todavía no tienes mucha soltura en la redacción científica, te puede resultar bastante difícil interpretar estos estudios y reproducirlos con tus propias palabras. Y ya que todo el rato te basas en investigaciones de otros, la línea entre tu propio trabajo y el plagio es muy fina. Pero antes de que te explique cómo evitar el plagio en tu TFG, hablemos sobre la honestidad en general y sobre la honestidad académica en particular.

En el mundo académico el plagio es muy frecuente. La gente se apropia de los trabajos o ideas de otros a veces sin querer (porque no saben citar bien) y a veces queriendo, a posta y con toda la jeta. Ya sé que muchas veces los tutores no dan señales de vida, algunos no ayudan demasiado ni resuelven tus dudas. Entiendo que te sientas solo ante el peligro y más perdido que un pulpo en un garaje y que sin el maldito TFG no hay forma de obtener el título, pero a lo largo de la carrera no aprendes cómo hacerlo.

También me imagino que los profesores a menudo andan hasta arriba de exámenes, tutorías, trabajos de fin de grado, de fin de máster, tesis doctorales, sus propias investigaciones que tienen que hacer y no pueden dedicar a cada alumno (que hay muchos) tiempo suficiente. Vamos, que el sistema está mal.

Ante un panorama tan desolador, lo más fácil que se te puede ocurrir es quitarte el TFG de encima copiando trabajos de otros o pagando para que te lo hagan. ¿Y si copias solo algunos trocitos para aligerar la elaboración de tu propio trabajo? ¿Quién va a saber que no lo has escrito tú? Suena tan tentador, ¿verdad?

Entiendo la situación y sé que es difícil, pero yo creo que no es excusa suficiente para apropiarte de los esfuerzos de los demás. ¿De verdad te gustaría basar tu nota en el trabajo de otros? ¿No es mucho más gratificante saber que lo has conseguido gracias a tus propios esfuerzos? Si copias otro trabajo (o pagas a alguien que te lo haga), aunque no te pillen, tú siempre sabrás que no te has merecido la nota que te han puesto. Siempre sabrás que ha sido un engaño por tu parte.

No sentirás el alivio, el orgullo y la sensación de un gran esfuerzo que termina con un trabajo bien hecho. Aunque te pongan un 5 pelado, saber que te lo has currado tú solito, que has podido a pesar de haber querido tirar la toalla mil veces, no tiene precio (ahora parezco el anuncio de Mastercard, pero es verdad, je, je).

Me imagino que si has comprado este libro, el plagio a propósito y por toda la cara no es algo que practiques o aplaudas, así que más adelante te explicaré cómo saber si estás haciendo plagio y cómo evitarlo.

Te bloqueas y no hay forma de que te pongas a escribir

El último (pero no por eso el menos importante) problema de esta etapa es que a la hora de ponerte a escribir tu TFG te bloqueas. Has buscado la información necesaria, has escogido y leído la bibliografía, has hecho el plan de trabajo y la estructura, pero sentarte y ponerte a escribir te perece un esfuerzo sobrehumano. Justo ahora, cuando necesitas el último empujón, la motivación y las ganas de escribir brillan por su ausencia. Por un lado, estás completamente desanimado y, por otro, te subes por las paredes porque sabes muy bien que como no te pongas, adiós al título y te tocará volver a pagar el dichoso TFG el año que viene. Pero cada vez que abres el Word miras la pantalla en blanco como las vacas miran el tren y con cada minuto que pasa te vas poniendo en modo pánico.

¿Cuál es el resultado? Pues que no te pones, te dices: «Ya lo haré mañana, hoy no tengo tiempo» y mañana tampoco escribes ni una sola palabra porque solo con pensar en escribir tu TFG te sientes agotado, desmotivado e incapaz de hacer nada al respecto. Sé cómo te sientes porque he pasado por esta situación. Pero también he descubierto cuál es el truco de superar este bloqueo asqueroso y la falta de motivación.

Capítulo 20: Todo lo que necesitas saber para redactar el resumen de tu TFG

El resumen (o abstract en inglés) sin lugar a dudas es la parte más importante de tu trabajo. Bueno, al menos para tus lectores.

¿Por qué? Porque para muchos va a ser la única parte que van a leer. Y no porque tu trabajo sea malo, sino porque con el resumen van a decidir si el tema de tu investigación les interesa para ampliar sus conocimientos o para utilizarlo en su propio estudio. Por eso **en el resumen debes incluir toda la información más relevante de tu trabajo**: el objetivo, la metodología, los resultados y las conclusiones. Como ves, un buen resumen es como tu trabajo en miniatura.

La regla de las 4 C

Ya te he dicho que el resumen debe incluir todas las partes de tu trabajo. Ahora, tienes que hacerlo en 100-300 palabras (mira las normas de tu guía del TFG, pero la media suele rondar las 200 palabras).

Es casi como escribir un tweet sobre tu TFG. Así que si te gusta Twitter, estás de suerte ya que estarás acostumbrado a condensar la máxima información en pocas palabras.

Para escribir un buen resumen acuérdate de la regla de las 4 C:

CLARO — CONCISO — COMPLETO — CONCRETO

Para que tu resumen sea claro utiliza frases cortas, simples y la voz activa.

No te compliques la vida con frases largas y complejas. Y recuerda que la voz activa es mucho más clara y entendible que la voz pasiva.

Sin embargo, utiliza el lenguaje impersonal. Por ejemplo, en vez de decir *En este trabajo abordamos el problema de...*, escribe *En este trabajo se aborda el problema de....* O en vez de *En este estudio tomamos en cuenta...*, mejor *En este estudio se toma en cuenta.*

Para que tu resumen sea conciso «poda» las frases y quita todas las palabras irrelevantes.

Evita los adjetivos y acorta las frases. Por ejemplo, una frase tan larga como *Se ha llegado a la conclusión de que...* se puede reducir a *Se concluye que...*

Para que tu resumen sea completo debes incluir en él toda la información necesaria, que es:

- el objetivo de tu TFG,
- la metodología que has utilizado,
- los resultados que has obtenido y
- las conclusiones que se derivan de estos resultados.

En otras palabras, **debes responder a cuarto preguntas**:

1. ¿Cuál fue el objetivo de la investigación?
2. ¿Cómo se estudió?
3. ¿Qué se encontró?
4. ¿Qué significan los resultados?

Por último, **para que tu resumen sea concreto** no debe ser un resumen de lo que vas a investigar, sino de lo que has descubierto.

Te explico. Está claro que debes decir cuál fue el objetivo de tu TFG, pero no te enrolles en eso ni en describir los materiales ni los procedimientos que has llevado a cabo. **Céntrate en los resultados**, porque cuando digo que tu resumen debe ser concreto, quiero decir que vayas al grano.

También has de saber que este apartado **se redacta en pasado**. Bueno, excepto cuando hables de las conclusiones, que se suele hacer en presente.

Hay muchos autores que prefieren escribir el objetivo de la investigación en presente. Puedes hacerlo. Pero cuando expliques la metodología que has utilizado o los resultados que has obtenido, hazlo en pasado (de todas formas, más adelante te explico qué tiempo verbal utilizar para cada apartado).

8 consejos para redactar un resumen impecable

Ya sabes qué es el resumen y qué elementos y características debe tener. Ahora te dejo 8 consejos para que lo redactes sin problemas.

1. Escríbelo al final

Por favor, por lo que más quieras, ni se te ocurra empezar redactar tu TFG por el resumen. Déjalo para el final. Cuando ya tengas todo el trabajo.

Hasta que no termines tu investigación y tengas clarísimo cuáles han sido los resultados y las conclusiones, de verdad es una tontería ponerte con el resumen. Te bloquearás y te frustrarás. Así que créeme cuando te digo que este apartado **debe ser la última cosa que escribas**. Piensa que es la guinda de tu TFG.

2. Describe el objetivo de tu investigación en una frase

Ya sabes que no debes enrollarte con el objetivo de tu investigación, de modo que lo mejor es describirlo en una frase nada más empezar el resumen.

Como te he dicho, se suele utilizar el pasado, pero hay quienes prefieren hacerlo en presente. En realidad justo eso da un poco igual.

Estas son algunas frases con las que puedes empezar tu resumen:
- En el presente trabajo se analizó... (o analiza si lo prefieres en presente)
- El objetivo de este trabajo fue...
- En este trabajo se expuso...
- Este trabajo / Este estudio / La presente investigación analizó...
- Este artículo tuvo por objetivo analizar...
- El artículo evaluó...

Dado que el resumen debe ser breve, yo optaría por la frase más corta posible.

3. No repitas el título

Por ejemplo, si tu TFG se titula La construcción de los personajes de Laurencia y Frondoso en Fuenteovejuna de Lope de Vega, no empieces tu resumen diciendo: El objetivo de este trabajo fue analizar la construcción de los personajes de Laurencia y Frondoso en Fuenteovejuna de Lope de Vega.

Como puedes ver, repites la misma información que ya se ha leído en el título. Dispones de pocas palabras para escribir tu resumen, así que no las desperdicies así. Sería mucho mejor si fueras al grano diciendo:

El objetivo de este trabajo fue demostrar cómo la configu-
ración y el desarrollo de la trama individual de Laurencia y
Frondoso, los protagonistas de Fuenteovejuna *de Lope de Vega,*
tiene gran influencia en la estructura de la obra y en la cons-
trucción del personaje colectivo.

¿Notas la diferencia? Ahora vas al grano y estás diciendo **cuál
fue tu hipótesis, qué quisiste demostrar** y esa información
interesa mucho más.

4. Sé muy selectivo

Un buen resumen es como una nota de prensa. Es muy
parecido a un telegrama, pero, por supuesto, sin llegar a ser tan
fragmentado. Debe ser breve y reunir la información fundamental sobre tu investigación. Así que elimina los datos inútiles o
redundantes. Una muestra de una información redundante es
el ejemplo del punto anterior. ¿Para qué repetir exactamente los
mismos datos que ya se leen en el título?

5. Incluye la información concreta

Es decir, **aporta números, valores o datos concretos**.

Por ejemplo, queda un poco impreciso si dices: *El estudio se
realizó en una muestra compuesta de mujeres y hombres.* Mejor
pon directamente: *Los participantes del estudio fueron cabezas
de familia de 17 a 72 años, 58 % mujeres y 42 % hombres.*

O no pongas: *Los participantes mostraron síntomas de anemia, deficiencia de vitamina A u obesidad.* Mejor: *El 22,4 % de la
muestra mostró síntomas de anemia, 21,7 % presentó deficiencia
de vitamina A y 4,8 % obesidad.*

Se entiende, ¿verdad?

6. No copies fragmentos de la introducción

Un error muy común a la hora de escribir el resumen es tejerlo con los fragmentos de la introducción.

Esto se nota mucho cuando ves un resumen que empieza así: *La obra de Pepito Pérez es un tema poco trabajado y aún menos conocido por gran parte de la academia filosófica española.* Puedes apostar lo que quieras a que es la primera frase de la introducción. Esta información sobra en el resumen porque **el resumen no es la introducción reducida**. Tienes que ir al grano. ¿Cuál es la hipótesis, el objetivo? ¿Qué has investigado?

El resumen **es un apartado que debería entenderse por sí solo**, sin la necesidad de leer el resto del trabajo. Así que de verdad no seas vago y chapuzas y escribe tu resumen sin cortar y pegar frases de la introducción.

7. Revela tus resultados

Si en tu introducción debes revelar tus resultados, imagínate en el resumen. **Es fundamental.**

No confundas el resumen con un tráiler de una película. Tu objetivo no es engatusar al lector. Debes informar, proporcionar toda la información esencial de tu investigación y no captar atención de tu lector, seducirlo con tu escritura o enganchar con la trama de tu estudio, *¿capisci?*

8. Resume las conclusiones

Por último, aporta las conclusiones.

¿Qué significan los resultados que has obtenido? ¿Confirman tu hipótesis o la refutan?

Es fundamental que incluyas esta información en el resumen de tu trabajo. Y recuerda que, como te he dicho, **justo este fragmento se suele escribir en presente**.

Te he volcado todo lo que considero imprescindible para que hagas un buen resumen de tu TFG. Espero haberte ayudado y aclarado algunas cosillas. Ahora veamos cómo redactar la introducción.

Capítulo 21: Cómo escribir una buena introducción de tu trabajo

La introducción es una de las partes más importantes de tu TFG. Además, tu tutor seguramente te la pedirá en la primera entrega. Y tú pensarás: «¿Cómo voy a escribir una buena introducción si apenas me he puesto con el TFG y todavía no sé todos los detalles que voy a incluir en mi trabajo?».

Te entiendo perfectamente. Si tienes que empezar por la introducción, es muy fácil que te bloquees. Por otro lado, tu tutor te la pide ya. Un lío tremendo. Pero tranquilo porque estás a punto de averiguar cómo escribir una buena introducción de tu TFG sin tirarte por la ventana en el intento.

Objetivos de tu introducción

La introducción (como su nombre indica) es el texto que introduce tu investigación.

En este primer capítulo se trata de presentar y explicar el proyecto que vas a desarrollar. Citando a Umberto Eco: «El objetivo de una buena introducción definitiva es que el lector se contente con ella, lo entienda todo y no lea el resto».

Sí, has entendido bien. Que no necesite leer más.

Gracias a la introducción el lector de tu trabajo debe:

- Saber ubicar tu estudio en el contexto y en el marco de las teorías existentes sobre el tema.
- Conocer los objetivos que pretendes alcanzar.
- Saber cuáles son los procesos que vas a seguir para alcanzarlos.
- Saber cuáles con los resultados más relevantes que has obtenido y tus conclusiones.

Este último punto es muy importante. Métetelo en la cabeza, graba en la frente, qué sé yo, pero recuerda siempre: **tu TFG no es una novela de misterio ni de suspense ni policiaca.**

Aunque a mí me gusta comparar un trabajo de investigación con este tipo de novelas cuando explico algunos aspectos, el objetivo de tu TFG no es enganchar al lector con el argumento. El lector de tu trabajo tiene que conocer los resultados de tu estudio desde el principio. Yo diría que incluso desde el abstract, pero seguro desde la introducción. Así que no te los guardes a modo de gran revelación final.

Ahora bien, debes incluir todos estos aspectos en tu introducción, pero existen dos formas de desarrollar este apartado y según la forma hay un punto que cambia un poco.

Tipos de introducción

Existen dos tipos más comunes de introducción: (1) la introducción con marco teórico y (2) la introducción sin marco teórico.

Seguro que ya te imaginas que, según el tipo, lo que cambia es la forma de desarrollar el contexto y el marco de las teorías existentes sobre el tema de tu trabajo. Vamos a ver cómo hacerlo en cada caso.

Introducción con marco teórico

Como ves, en este tipo de introducción debes incluir el marco teórico. Es decir, debes hacer una revisión de la literatura disponible sobre el tema de tu estudio.

Este esquema se suele seguir en el típico artículo de investigación que se publica en las revistas científicas, así que si tu TFG va a tener este formato, debes elegir este tipo de introducción.

Por supuesto no se trata de hacer una revisión a fondo sobre toda la literatura disponible sobre el tema de tu estudio ya que esto es propio más bien de una tesis doctoral. En caso de un TFG, TFM o un artículo científico tendrías que comentar solo las investigaciones más relevantes para el tema de tu estudio.

Introducción sin marco teórico

En este caso tu introducción **no es una revisión de la literatura**. Puedes mencionar algunas referencias más importantes, pero no se trata de elaborar un marco teórico en el que contextualizarás tu proyecto.

Esta introducción debe ser lo más sintética posible, de modo que no te enrolles. Ve al grano. Céntrate en el foco de tu trabajo, en tu objetivo y en lo resultados más relevantes. Saca lo más concentrado de tu trabajo. Lo normal es que este tipo de introducción ocupe entre 1,5 y 3 páginas, así que más te vale ser muy preciso.

Como puedes ver, la gran diferencia entre estos dos tipos de introducción es que en uno debes incluir el marco teórico y en el otro no.

¿Cómo saber cuál debes elegir para tu TFG? Mi respuesta de siempre es: consulta la guía o a tu tutor.

Redacta tu introducción aplicando la estructura de pirámide invertida

Es decir, empieza con la información más amplia, más general (¿qué se sabe hasta el momento sobre el tema de tu estudio?) para luego ir centrándote en lo que es el tema de tu trabajo (tu objetivo, el enfoque, la importancia de tu tema y los resultados).

Puedes seguir estos 6 pasos:

Paso 1: Habla de lo que ya se sabe sobre el tema de tu investigación

En caso de la introducción con marco teórico sería presentar ese marco.

Si lo tuyo, en cambio, es la introducción sin marco, solo señala lo más importante porque te ocuparás del marco teórico en el siguiente capítulo.

Sin embargo, sea cual sea el tipo de introducción que escribas, debes incluir la siguiente información:

- ¿Qué se sabe hasta el momento sobre el tema de tu trabajo?
- ¿Qué han hecho otros investigadores?
- ¿Cuáles son los principales y más significativos resultados de su investigación?

Paso 2: Señala qué es lo que no queda tan claro

Cuando ya presentes lo que han hecho los demás investigadores sobre el tema de tu estudio, señala:

- ¿Qué falta por analizar o en qué aspectos habría que profundizar?

- ¿Qué enfoque o detalle no han tenido en cuenta los anteriores científicos?
- ¿Ha cambiado la forma de estudiar el tema de tu trabajo debido a los avances científicos, los nuevos medios de comunicación, etc.?

Paso 3: Presenta tu hipótesis, el objetivo de tu trabajo

Ya que has hablado de los estudios de otros investigadores, ahora toca describir qué vas a hacer tú:
- ¿Qué en concreto vas a investigar en tu trabajo?
- ¿Qué es lo que pretendes resolver o estudiar?

Paso 4: Explica el enfoque desde el que has estudiado el tema

Genial, ya se sabe qué vas a estudiar, pero ¿cómo lo vas a hacer? Explica:
- ¿Desde qué punto de vista abordas el tema?
- ¿Cuál es la metodología que has utilizado para obtener los datos y alcanzar los objetivos de tu trabajo?

Paso 5: Justifica la importancia de tu tema

Debes dejar muy claro que no vas a investigar chorradas, de modo que convendría aclarar:
- ¿Por qué el tema de tu trabajo es importante para el resto de la comunidad investigadora de tu campo?
- ¿Por qué vale la pena investigarlo?
- ¿En qué se diferencia tu estudio de los estudios anteriores?
- ¿Qué información nueva aporta?

Paso 6: Para terminar no te olvides de aportar los resultados

Ya te he dicho que tu TFG no es una novela de misterio, así que señala:

- ¿Cuáles son los resultados más relevantes que has obtenido?
- ¿Cuáles son las conclusiones más importantes?

Cuándo debes escribir la introducción de tu TFG

Mi gran consejo es que la escribas al final, cuando ya hayas terminado todo y tengas la visión general de todo tu trabajo. Pero sé que los tutores suelen pedirla nada más empezar con el proyecto. No pasa nada. Tampoco es un horror, siempre y cuando asumas que se trata de una versión provisional.

Al principio no te obsesiones mucho con la introducción porque si pretendes escribir la versión definitiva desde el minuto uno, te bloquearás y te pondrás de los nervios. Escribe la versión provisional cuando te lo pida tu tutor y vuelve a ella unos meses más tarde cuando ya hayas terminado de escribir todas las partes de tu TFG.

Algunos investigadores experimentados incluso recomiendan empezar por la introducción y reescribirla cuando se termine todo el trabajo. El objetivo de esto es que esta versión provisional te sirva para ordenar tus ideas y explicarle a tu tutor qué es lo que quieres hacer en tu trabajo y cómo pretendes hacerlo. Además, te ayuda a definir el foco, el centro de tu TFG.

5 consejos finales

Para terminar te dejo estos 5 consejos:

1. No te enrolles

Una buena introducción debe ser breve, así que selecciona la información más relevante.

Resume solo las ideas clave de tu trabajo. Presenta la información de manera lógica y ordenada.

2. No cuentes tu vida

No expliques tu trayectoria universitaria ni cómo has llegado a interesarte por el tema ni por qué te apasiona tanto ni qué te ocurrió cuando eras pequeño e ibas al pueblo.

Si es necesario, resume brevemente los motivos que te han llevado a realizar este tema en concreto, pero de verdad de forma muy breve y concisa.

3. No te repitas

No repitas literalmente la información que tu lector va a encontrar en otros apartados de tu trabajo.

Selecciona las ideas más importantes y los resultados más relevantes. Deja los detalles para los demás apartados.

4. No me seas Agatha Christie

Revela los resultados más relevantes y las conclusiones más importantes de tu estudio. No te los guardes hasta el final.

El objetivo de la introducción no es enganchar al lector para que necesite saber cómo acaba tu estudio, sino presentarle toda la información de tal forma que lo entienda todo y no necesite leer el resto.

5. No hagas una revisión de la literatura

Este consejo se aplica por supuesto solo si tu introducción no debe incluir el marco teórico. En este caso solo resume brevemente lo más importante, pero déjate los detalles para el apartado del marco teórico.

Puesto que ya tienes todos los consejos para escribir una buena introducción de tu TFG, ahora solo te toca abrir el Word y ponerlos en práctica.

Capítulo 22: 8 claves para redactar el marco teórico y 6 métodos para estructurar la información de forma lógica y ordenada

El marco teórico suele ser la parte que da más dolores de cabeza. Es más, a menudo se convierte en una tortura porque no paras de preguntarte:

- ¿En cuántos trabajos basarme?
- ¿Qué trabajos elegir?
- ¿Cuánto citar?
- ¿Cómo hacerlo en formato APA?

Vamos, que **no tienes ni idea qué poner en el maldito marco teórico** de las narices. Además tienes la sensación de que puedes poner tantas cosas que al final te bloqueas y te dan ganas de tirar la toalla, echarte a correr o saltar por la ventana.

Lo entiendo. Tanta bibliografía puede agobiar. Por eso quiero darte **8 claves para que puedas escribir tu marco teórico** sin morir en el intento.

Objetivos de un buen marco teórico

Primero tienes que saber cuáles son los objetivos de este apartado de tu trabajo.

Digamos que el objetivo principal es **revisar y presentar la información existente relacionada con el tema de tu TFG**. Es decir, debes decir qué investigaciones, trabajos y teorías existen relacionados con el tema de tu trabajo. Por si acaso repito: **relacionados con el tema de tu trabajo**.

¿Para qué tienes que comentar trabajos de otros investigadores?

Bueno, así demuestras que tu trabajo tiene un apoyo teórico. Que no te lo has sacado de la nada, sino que hay más investigaciones que constituyen una base científica para tu tema. Digamos que ubicas tu trabajo en un contexto teórico más amplio.

También necesitas el marco teórico para **definir los conceptos clave de tu TFG**.

¿Qué quiero decir con eso? Que puedes (incluso debes) comprobar cómo otros investigadores han definido estos conceptos y bien optar por una de sus definiciones (y decir por qué) o desarrollar una tú (y explicar qué te faltaba en las definiciones existentes).

Es decir, imagina que en tu trabajo vas a hablar, por ejemplo, sobre el lenguaje coloquial. Ya que existen varias definiciones de este concepto, porque cada investigador le atribuye diferentes características (algunas son comunes pero otras no), tendrás que elegir una de estas definiciones o elaborar una nueva. Así cada vez que hables del lenguaje coloquial, el lector de tu trabajo sabrá a qué exactamente te refieres.

Por último, en el marco teórico puedes **señalar interrogantes o hipótesis no suficientemente resueltas en la literatura disponible sobre el tema**, pero relevantes para tu trabajo. O sea, indicar qué falta en las investigaciones hechas hasta el momento y cómo puedes contribuir con lo que has hecho tú en tu trabajo.

Como ves, hacer el marco teórico es desarrollar de forma más amplia el punto de la introducción en el que se explica qué teorías hay respecto al tema de tu trabajo, qué han hecho otros investigadores, cuáles han sido sus resultados y cómo todo esto se relaciona con tu investigación.

8 consejos para que el marco teórico deje de darte dolores de cabeza y no te bloquees

1. Ten siempre presentes el tema y el objetivo de tu TFG

Ya que seguramente encontrarás mucha bibliografía sobre el tema de tu trabajo, tienes que seleccionar solo los trabajos más relevantes en cuanto a tus objetivos.

Por ejemplo, si vas a hablar sobre el síndrome de burnout en el deporte, el tema de tu trabajo es ese: el burnout en el deporte, y no el síndrome de burnout en general ni burnout en sector docente o de enfermería, qué sé yo.

Así que a la hora de decidir si metes un artículo en tu marco teórico, piensa siempre en el tema de tu trabajo y en tus objetivos. Si se relaciona con ellos, adelante. Si no, fuera.

2. Incluye solo los trabajos que tienen que ver con el tema de tu TFG

Una pequeña variación del consejo anterior. No comentes trabajos que no se relacionan directamente con el tema de tu TFG.

El marco teórico no sirve de pasarela para tu ingenio y gran erudición. Vamos, que no se trata de pavonearse en plan: «Mira todo lo que he leído sobre el tema (y lo que no es el tema)». En este apartado tienes que ir al grano y presentar solo los trabajos más relevantes relacionados con tu tema. Si tienes que explicar un poco el trasfondo, vale, pero no te pases.

Pensando en el ejemplo sobre el burnout en el deporte, si tienes que explicar en qué consiste el síndrome en sí, hazlo, pero ve al grano. No te enrolles describiendo en qué año nació el tío que lo inventó (o tía, no tengo ni idea, je, je) y cuál ha sido su trayectoria hasta que dio con ello.

3. Sé breve y conciso a la hora de describir las investigaciones de los demás

Está claro que debes decir qué han hecho los demás y cuáles han sido los resultados de sus investigaciones, pero no se trata de resumir todos los trabajos con todos sus detalles. No hagas un típico resumen de lo que has leído. A tu lector no le interesa eso.

Elige solo lo que tiene que ver con el tema y los objetivos de tu trabajo. Todo lo demás es paja. Por eso es tan importante el consejo número 1.

4. Presenta la información de forma lógica y ordenada

Después del consejo 1 este es el siguiente más importante. Debes redactar el marco teórico (bueno, y todo tu TFG) de forma coherente.

Tu lector tiene que saber cuál es el hilo conductor que une todos los trabajos que citas en este apartado. Así que no le sueltes un puñado de teorías, investigaciones y trabajos relacionados con el tema de tu TFG y ya está. Debes estructurarlo de forma lógica, clara y ordenada.

¿Cómo puedes estructurar toda esa información?

Hay varias formas de hacerlo, pero te voy a explicar los 6 métodos más comunes:

Método 1: De forma cronológica

Piensa si puedes dividir toda la información sobre el tema en épocas o etapas (o escuelas, corrientes, etc.) y describe cómo ha ido evolucionando a lo largo del tiempo. Recuerda que debes elegir solo la información más relevante para el tema y los objetivos de tu trabajo.

Imagina que a lo largo del tiempo ha evolucionado la forma de ver el síndrome de burnout en el deporte (es un ejemplo que me estoy inventando ya que no tengo ni idea de psicología, pero es para que te hagas una idea). A lo mejor al principio a nadie se le pasaba por la cabeza que los deportistas podrían quemarse con su trabajo, pero luego el asunto iba cambiando. Entonces puedes comentar estas teorías desde las primeras, que ni siquiera lo consideraban, hasta las últimas, que ya hablan del problema.

Te recomiendo no enrollarte mucho en las primeras, sino más bien centrarte en las últimas, pero puedes pintar un panorama general.

Método 2: Estructura causa – efecto

Si analizas un problema concreto, mira si puedes agrupar toda la información en causa – efecto. Por un lado, explica las causas de ese problema que analizan y exponen otros investigadores. Por otro, señala los efectos que según ellos este problema produce o puede producir.

En nuestro ejemplo serían las causas que según varios investigadores provoca el síndrome de burnout en el deporte y los efectos que este síndrome produce en los deportistas.

Método 3: Tesis, antítesis y síntesis

Una vez más piensa en los objetivos de tu trabajo, en lo que quieres demostrar. Coge las investigaciones que has seleccionado para tu marco teórico y describe, por un lado, cuáles son las que apoyan tus objetivos (tu punto de vista) y, por otro, cuáles son los trabajos que los contradicen. Al final explica cómo puedes combinar ambas posturas.

Simplificando, hazte tres preguntas:

1. ¿Qué investigaciones apoyan mi teoría?
2. ¿Cuáles la contradicen?
3. ¿Cómo se pueden unir estas dos posturas?

Por ejemplo, pongamos que sostienes que el síndrome de burnout en el deporte está provocado por X y hay trabajos que apoyan tu teoría. Pero también encuentras estudios que dicen que la causa no es X sino Y. Pues puedes exponer ambos puntos de vista y luego sacar conclusiones o terminar diciendo que el objetivo de tu trabajo es confirmar que es por la causa X.

Método 4: Semejanzas y diferencias

Puedes comparar varias teorías, trabajos, investigaciones etc., señalando sus semejanzas o diferencias. **Lo puedes hacer de dos formas:**

1. De forma conjunta

Es decir, comparas todos los aspectos de la investigación X, luego todos los aspectos de la investigación Z y al final aportas tus valoraciones.

Siguiendo nuestro ejemplo, eliges las investigaciones sobre el burnout en el deporte y vas comprobando cómo trata el tema cada una de ellas, una por una. Al final resumes las conclusiones.

2. Entrelazando

Es decir, primero eliges los aspectos que vas a comparar y luego los vas comparando en cada investigación.

Por ejemplo, decides que dentro de las investigaciones sobre el burnout en el deporte vas a comparar aspectos como la motivación, la confianza y las situaciones de presión. Entonces, primero comparas cómo tratan todas las investigaciones que has elegido el tema de la motivación, luego qué dicen de la confianza y al final cómo abordan el tema de la presión.

Método 5: Estructura inductiva

Puedes estructurar toda la información relevante que saques de las investigaciones que has elegido para tu marco teórico de forma inductiva. Es decir, ir **de lo más general a lo más detallado**. O sea, presenta la información más relevante al final, como conclusión de todo lo que has presentado anteriormente.

Por ejemplo, habla de los trabajos que analizan el síndrome de burnout en general (pero recuerda: no te enrolles) y termina con los que analizan el burnout en el deporte.

Método 6: Estructura deductiva

También puedes hacerlo al revés: ir **de lo más detallado a lo general**. Presenta la idea principal al principio y luego la puedes explicar, desarrollar o demostrar.

Volviendo a nuestro ejemplo, empezarías con los artículos sobre el síndrome de burnout en el deporte y acabarías con los que hablan del síndrome en general.

5. No hagas afirmaciones tajantes ni juicios de valor sin respaldarlos o matizar con la cita pertinente

No puedes soltar sin más cosas como (por si acaso te recuerdo que me estoy inventando todos los ejemplos):
- El síndrome de burnout apenas tuvo importancia a principios del siglo XX.
- Los jugadores de fútbol no sufren el síndrome de burnout.

- A los deportistas de élite les quema su trabajo.
- Todos los deportistas en algún momento de su carrera profesional padecen el síndrome de burnout.
- No creo que el síndrome de burnout sea importante para los deportistas.
- El síndrome de burnout afecta más a los tenistas que a los atletas.

No puedes decir estas cosas y quedarte tan pancho porque **¿y tú cómo lo sabes?** Vamos, ¿de dónde has sacado que el síndrome de burnout afecta más a los tenistas que a los atletas? (y así con todo).

Una forma de demostrar que no te has sacado esta información de la manga es **respaldarla con una cita**.

6. No hables de trabajos que no has leído

No hace falta que te diga que no finjas que has leído artículos que ni siquiera has hojeado, ¿no?

¿A qué me refiero exactamente con eso? A que si en un artículo lees una cita sacada de otro artículo que te viene muy bien para el tema que te ocupa, no copies esta cita fingiendo que has visto el original.

Te lo explico. Imagina que estás leyendo el artículo A y de repente el autor de este artículo A introduce una cita de otro artículo B. Lees la cita y piensas: «Esto me viene que te cagas para mi TFG, pero paso de buscar el artículo B». De modo que coges la cita y la tuneas como si tú la encontraras directamente en el artículo B (vamos, no indicas que es una cita del artículo B, pero que tú la copias del artículo A). O peor: no solo se trata de una cita, sino que en tu marco teórico hablas de trabajos enteros que no has tenido entre manos.

¿Por qué es tan peligroso fingir estas cosas? Te respondo con las palabras de Umberto Eco:

No solo por razones de ética profesional: pensad en lo que sucedería si os preguntasen cómo habéis conseguido ver directamente tal manuscrito, cuando es notorio que fue destruido en 1944…

Vale, ya sé que tú vas a hacer la pirula con un artículo publicado en 2016 en una revista científica online, pero aun así…

7. Cita con moderación

Entiendo que quieras asegurarte de que a tu tutor le quede claro que has leído los trabajos más importantes sobre el tema de tu TFG. Y para demostrarlo vas a incluir las citas. Pero no te pases. No hagas que tu marco teórico sea un popurrí de citas de varios artículos y trabajos. Por supuesto debes apoyarte en lo que han dicho los expertos en tu campo, pero las citas de sus trabajos no pueden constituir el 80 % de tu marco teórico.

Para evitar que te pases con las citas piensa qué aspectos clave te vendría bien apoyar con lo que han dicho otros investigadores. Antes de incluir una cita pregúntate si de verdad es necesaria y si aporta una información valiosa o nueva, porque lo ideal es que las citas no sean más del 15 % del total de tu marco teórico.

8. Conoce las normas APA

Es fundamental que sepas citar correctamente de acuerdo con las normas APA (o las que te exijan en la guía del TFG de tu centro).

Saber citar correctamente es clave a la hora de escribir el marco teórico porque es el apartado en el que más citas vas a poner (generalizando el asunto).

Puede que en tu universidad se utilicen programas de detección de plagio, y si tu tutor pasa tu TFG por un programa así y tus citas están mal, te saldrá plagio. Los programas antiplagio no saben que tú no tenías intención de plagiar. Simplemente detectan que algo está mal. Así que asegúrate de que tus citas siguen las normas APA (o las que tengas que aplicar) correctamente.

Ya sabes en qué consiste un buen marco teórico y tienes 8 claves para escribirlo bien. Pero una cosa es leer y otra actuar. Así que manos a la obra. Escribe tu marco teórico y quítate de encima una de las partes más pesadas de tu TFG.

Capítulo 23: Cómo describir los materiales y métodos de tu investigación

En el capítulo Materiales y métodos debes explicar paso por paso qué has hecho, cuándo, dónde, cómo y por qué.

El objetivo de esta parte es describir los materiales y los métodos que has utilizado en tu investigación con suficiente detalle para que otros investigadores puedan repetir tu estudio. Por ello tienes que darles una especie de receta con la información suficiente para que puedan hacerlo.

3 reglas básicas que te ayudarán a redactar este apartado

1. No pierdas tiempo en explicar obviedades

No aburras a tus lectores con detalles innecesarios.

Se trata de proporcionar la información suficiente pero sin pasarte. La clave está en la palabra *suficiente*. Al principio te puede parecer difícil saber qué datos son esenciales y cuáles se entienden solos. Pero no te agobies, te pongo un ejemplo para que lo veas más claro.

Imagínate que el capítulo Materiales y métodos es como una receta de cocina. Pongamos que tu investigación era hacer una tortilla de patatas. Entonces, en este capítulo debes explicar cómo la has hecho, por si otros quieren repetir tu receta. Está claro que tienes que indicar todos los ingredientes que has utilizado y sus medidas, y también en qué orden los has mezclado o preparado. Estos son datos importantes e imprescindibles para poder repetir tu receta.

Ahora, pasarte con los detalles innecesarios sería explicar paso por paso cómo batir los huevos. Se supone que esto lo sabe hacer todo el mundo. Así que con indicar *Bate los huevos* es suficiente. Ves la idea, ¿no?

Pues a la hora de describir los materiales y métodos que has utilizado en tu investigación es lo mismo. Para estar seguro de que no metes paja, **hazte dos preguntas**: (1) ¿he descrito todo el proceso con suficiente detalle para que otros puedan repetir mi investigación? y (2) ¿hay información que pueda eliminar sin que afecte la comprensión del proceso? (si la hay, quítala sin miedo).

2. No incluyas información que corresponde a otros capítulos de tu trabajo

Por ejemplo, no describas los resultados ni los compares con los resultados de otros investigadores. Tienes apartados específicos para ello que se llaman Resultados y Discusión.

En Materiales y métodos se trata solamente de describir qué has analizado y con qué instrumentos, técnicas, metodología, test, cuestionarios, criterios, etc. Puedes, de forma muy breve, justificar la elección de métodos o técnicas que hayas aplicado en tu investigación, pero no te enrolles. Recuerda: **es una receta**.

3. Divide el capítulo en subapartados

Es la regla principal para una buena redacción de este capítulo. Gracias a eso vas a facilitarles mucho la vida a tus lectores.

Materiales y métodos es un capítulo lleno de datos y detalles, así que si lo divides en subapartados, su lectura va a ser mucho más agradable y toda la información quedará más clara y ordenada.

Los subapartados más comunes son:

- Participantes
- Instrumentos
- Procedimiento
- Análisis estadístico

A continuación te explicaré qué información incluir en cada uno de ellos y te pondré algún que otro ejemplo.

Participantes

Describe las características de los participantes que forman la muestra que has elegido para tu investigación. Céntrate solo en **las características más relevantes**, en los criterios por los que has incluido esta muestra o, por el contrario, por los que la has excluido de tu estudio.

Las características esenciales pueden variar según el tipo de investigación. No es lo mismo hacer un estudio de medicina que de filosofía. Pero, para que te hagas una idea a qué me refiero, por ejemplo, en un estudio psicológico puede ser necesario indicar el sexo, la edad, el nivel de educación o el estatus social de tu muestra. En un trabajo de veterinaria puede ser esencial indicar la raza (o especie) del animal, su edad, peso o sexo.

Describe tus participantes con más detalle posible, pero siempre teniendo en cuenta **si estas características influyen en tus resultados**. Si tus resultados dependen de ellas, son esenciales para el estudio. Si no, pues no son tan importantes.

No obstante, aunque ciertas características no determinen los resultados de tu trabajo, puede ser útil incluirlas en la descripción para que el lector entienda mejor el contexto de tu investigación (si lo consideras relevante, claro).

Si has analizado muchos grupos y temes que no quede claro cuál es cuál, puedes nombrarlos con una abreviatura. Por ejemplo, tu grupo control se puede denominar K, el grupo experimental X, etc. Si lo haces, ten en cuenta dos cosas: (1) acuérdate de nombrar de la misma forma estos grupos en el capítulo Resultados y (2) no te pases y no pongas nombres abreviados a todo porque puede que al final te líes y ya no sabrás ni tú qué abreviatura corresponde a qué grupo

Un ejemplo de describir los participantes sería:

Tanto el grupo control como el grupo experimental estuvieron conformados por 34 participantes, con una media de edad de 9,88 años (*DE* = 0,50) para el grupo con TDAH y una media de 9,88 años (*DE* = 0,34) para el grupo sin TDAH. En la organización del grupo control se consideró la selección de niños y niñas con las mismas características de los experimentales, salvo la presencia del TDAH-C. Según el análisis de comparación de medias de la variable edad, se encuentra que ésta no es diferente en cada uno de los grupos (t = 0,00, p = 1,00). En cuanto al sexo, el grupo con TDAH estuvo compuesto por 23 hombres (67,65 %) y 11 mujeres (32,35 %). El grupo sin TDAH se conformó con 17 hombres (50 %) y 17 mujeres (50 %). Esta variable no presenta diferencias en relación con ambos grupos (x2[1, N = 68] = 2,186, p = 0,139). Los participantes pertenecen al sistema educativo público de Ecuador. El nivel socioeconómico es medio y medio bajo. Para el ingreso de los participantes en determinado grupo se determinaron criterios de inclusión y exclusión.

En el grupo experimental se consideraron los criterios de inclusión y exclusión: a) poseer el diagnóstico de TDAH-C emitido por el Departamento de Psicología de la institución educativa a la que pertenecían; b) diagnóstico de TDAH-C ratificado por los equipos de atención psicopedagógica estatales; c) presentar evaluación de la inteligencia dentro de parámetros normales; d) no presentar algún tipo de discapacidad sensorial o motriz; e) no presentar antecedentes de graves trastornos afectivos; f) no recibir tratamiento farmacológico; y g) contar con consentimiento y asentimiento informado para participar en la investigación.

Los criterios de inclusión y exclusión considerados para el grupo control fueron: a) no poseer diagnóstico de TDAH-C o antecedentes de algún tipo de cuadro psicopatológico; b) no presentar antecedentes de discapacidad intelectual o presencia de algún tipo de déficit cognitivo; c) no poseer algún tipo de discapacidad sensorial o motriz; d) no recibir tratamiento farmacológico por algún trastorno psiquiátrico; y e) contar con consentimiento y asentimiento informado para participar en la investigación.

El ejemplo proviene del artículo «Control inhibitorio y monitorización en población infantil con TDAH», de Carlos Ramos-Galarza, Claudia Pérez-Salas. Doi: http://dx.doi.org/10.12804/revistas.urosario.edu.co/apl/a.4195

Instrumentos

La palabra *instrumentos* no se refiere solamente a las herramientas disponibles en un laboratorio. Pueden ser test, escalas, cuestionarios o entrevistas que has utilizado en tu estudio. Lo importante es que describas **solo los instrumentos que aparecen en tu investigación**.

Si has utilizado cuestionarios o test, explica qué factores miden. También es útil indicar el rango mínimo y máximo que se pueden obtener en la escala que has utilizado. Si has necesitado permisos para tu investigación, también puedes incluir esta información en este apartado.

En Materiales y métodos no se suele incluir citas, pero si en tu estudio has utilizado alguna entrevista o cuestionario elaborado por otro investigador, incluye una cita bibliográfica con todos los datos del autor.

Un ejemplo de describir los instrumentos sería:

Se usó el cuestionario de evaluación de las funciones ejecutivas BRIEF versión para profesores (Gioia et al., 2000), el cual consta de dos índices: metacognición y regulación comportamental. Está compuesto por 8 escalas y 86 ítems, los cuales se califican con tres opciones de respuesta: nunca (un punto), a veces (dos puntos) y con frecuencia (tres puntos). En el estudio se utilizaron las subescalas de control inhibitorio y monitorización. Cada una de las escalas consta de 10 ítems. (…)

Además, se utilizó el ADHD Rating Scale IV versión para profesores (Du Paul et al., 1997). Es un cuestionario basado en los criterios diagnósticos del DSM-5 (APA, 2013) para el TDAH. Se usó la versión para profesores. Consta de 18 ítems que valoran las variables: a) déficit de atención, b) impulsividad/hiperactividad y c) total TDAH. Cada ítem se lo valora con cero cuando la conducta tiene una frecuencia de nunca, con uno cuando es a veces, dos cuando es frecuentemente y tres para muy frecuentemente. (…)

Por último, se empleó la Escala de Impulsividad de Barrat BIS 11-c, la cual es un cuestionario de autorreporte que permite evaluar las variables: (a) impulsividad cognitiva, (b) impulsividad no planificada y (c) impulsividad motora (Stanford et al., 2009). Este instrumento consta de 26 ítems que son evaluados con cero puntos cuando la conducta tiene una frecuencia de nunca, con un punto cuando es a veces, con dos puntos cuando es regularmente y tres puntos cuando la conducta se presenta siempre.

El ejemplo proviene del artículo «Control inhibitorio y monitorización en población infantil con TDAH», de Carlos Ramos-Galarza, Claudia Pérez-Salas. Doi: http://dx.doi.org/10.12804/revistas.urosario.edu.co/apl/a.4195

Procedimiento

En este subapartado puedes describir **las técnicas o los tratamientos que has aplicado en tu estudio y los pasos más relevantes de la investigación**. Si se trata de un proceso largo y complicado, te puede ser útil ilustrar todo el procedimiento con gráficos.

Si tu trabajo se basa en una metodología aplicada en un estudio anterior (y la estás replicando en el tuyo), no hace falta que describas todo el procedimiento con detalle. Solo resúmelo de forma breve y remite a tu lector a la fuente original, poniendo una cita y explicando que estás empleando la misma metodología descrita en detalle en el estudio en cuestión.

Si es necesario, describe los aspectos éticos que has tenido en cuenta a la hora de realizar tu estudio. Es decir, puede que tengas que incluir alguna nota sobre la confidencialidad de los datos o el consentimiento por parte de las personas que han participado en la investigación.

Una forma de describir el procedimiento podría ser la siguiente:

Los experimentos se ejecutaron en dos computadoras portátiles con igual procesador, monitor y caja de botones. En primer lugar, se procedió a realizar la programación de los experimentos (traducción de instrucciones de inglés a español, adición de imágenes, número de estímulos y colores); esta tarea fue realizada por el autor principal del estudio. Después, se evaluaron los experimentos mediante el juicio experto de tres profesionales con título de posgrado en Neuropsicología y amplia experiencia en la evaluación de las funciones ejecutivas. Una vez que se contó con los experimentos en las condiciones idóneas para ser utilizados, se procedió a realizar las evaluaciones. El contexto en el cual se aplicaron los experimentos y escalas de evaluación comportamental se enmarca dentro de los parámetros éticos de Helsinki para la investigación con seres humanos (Williams, 2008) y en todos los casos se presentaron las mismas condiciones. Es importante mencionar que la presente investigación contó con la aprobación del comité de ética del Doctorado en Psicología de la Universidad de Concepción, Chile.

El ejemplo proviene del artículo «Control inhibitorio y monitorización en población infantil con TDAH», de Carlos Ramos-Galarza, Claudia Pérez-Salas. Doi: http://dx.doi.org/10.12804/revistas.urosario.edu.co/apl/a.4195

Análisis estadístico

Al final del capítulo Materiales y métodos se suele incluir la descripción del análisis estadístico. Es decir, describe cómo has analizado los datos, qué programas has utilizado (si es que has utilizado alguno) o qué métodos estadísticos has empleado. Si has utilizado programas para analizar los datos, pon el nombre del programa y su versión.

Te dejo un ejemplo:

Todos los análisis se realizaron en el programa IBM SPSS Statistics versión 20. En primer lugar, se hizo el análisis descriptivo de las variables evaluadas mediante medidas de tendencia central y dispersión. En segunda instancia se realizó el análisis paramétrico t de Student para comparar las variables medidas mediante las escalas y los experimentos del estudio. Finalmente, para cumplir con el objetivo de verificar asociaciones en las pruebas neuropsicológicas experimentales con las escalas comportamentales se utilizó el proceso de correlación de Pearson.

El ejemplo proviene del artículo «Control inhibitorio y monitorización en población infantil con TDAH», de Carlos Ramos-Galarza, Claudia Pérez-Salas. Doi: http://dx.doi.org/10.12804/revistas.urosario.edu.co/apl/a.4195

Pues esto ya es todo. Son las 3 reglas que considero más relevantes para que puedas redactar de forma coherente y ordenada los materiales y los métodos que has empleado en tu investigación. Espero que te sirvan de ayuda.

Puede que quieras incluir tablas, figuras o gráficos (y si no los incluyes en este capítulo, seguro que lo vas a hacer en Resultados), así que a continuación te enseñaré cómo elaborarlos bien.

Capítulo 24: Cómo elaborar las tablas y figuras

Las tablas y figuras no constituyen un capítulo independiente, sino que se incluyen en otros apartados (los más comunes son Materiales y métodos o Resultados). Si vas a utilizarlas en tu investigación, te recomiendo que las prepares según vayas obteniendo todos los datos.

Elaborar tablas o figuras no tiene mayor misterio, solo tienes que meter los datos en tablas o representarlos en forma de diagramas, esquemas, gráficos o fotografías. No obstante, **debes seguir ciertos criterios**, no puede ser que cada tabla o gráfico sea de su padre y de su madre. A continuación te explicaré cómo redactar las tablas y figuras con sentido y cómo diseñarlas de acuerdo con las normas APA. Primero hablaremos de las tablas y luego de las figuras.

4 características de una tabla perfecta

1. Es relevante

Cada tabla debe añadir información al texto, no duplicarla. Así que antes de incluir una tabla, pregúntate si de verdad es necesaria, añade información nueva o aclara algo.

Gracias a las tablas puedes representar una serie de datos de forma más clara que si los tuvieras que describir uno a uno en el texto. Por eso a la hora de comentar e interpretar estos datos no repitas todos los valores numéricos en el texto. Piensa: si vas a repetir los números que ya has incluido en la tabla, ¿para qué quieres la tabla? No dupliques la información. Más adelante te explicaré cómo describir las tablas de forma correcta dentro del texto de tu trabajo.

2. Transmite un mensaje claro

Cuando el lector de tu trabajo se tope con una tabla, tiene que ser capaz de entenderla sin la necesidad de buscar más información en el texto. Debe ver la tabla e interpretar correctamente lo qué está viendo, en vez de pensar: «¡¿Qué narices significan estos números?! ¿A ver si en el texto lo explica?».

El principal motivo por el que se elaboran las tablas y se insertan en el texto es para recoger en un sitio todos los datos y valores numéricos. Pero no se trata de soltar un puñado de números sin más. Todos los datos que vas a incluir en una tabla tienen que estar ordenados de forma lógica y clara. El lector de tu trabajo debe entenderlos con una hojeada.

3. Contiene el número, el título, el cuerpo y la nota

Cada tabla debe tener estos cuatro elementos. Al final de este punto te adjunto una foto de una tabla modelo en la que verás dónde está cada uno de estos elementos.

El **número** sirve para identificar las tablas. Es decir, cuando dentro del texto de tu trabajo hagas referencia a una tabla en concreto, gracias al número el lector sabrá a qué tabla te refieres. De modo que debes enumerar todas las tablas de forma correlativa según el orden de aparición en el texto. Empieza por la palabra *Tabla* y añade el número arábigo correspondiente, o sea: Tabla 1, Tabla 2, Tabla 3...

Si la tabla forma parte de un anexo, usa letras mayúsculas y números. ¿Por qué añadir letras mayúsculas? Para distinguir las tablas que aparecen en los anexos de las tablas que están incluidas en el texto de tu trabajo. Es decir, imagina que en tu trabajo tienes varios anexos. Debes nombrarlos Anexo A, Anexo B, Anexo C, etc. Y pongamos que en el anexo A has incluido dos tablas y en el anexo C una.

Entonces, si mencionas dentro del texto cualquiera de ellas, el lector de tu trabajo debe saber a primera vista que hablas de una tabla de un anexo en concreto. Así que las dos tablas del anexo A van a llevar la letra mayúscula A y el número correspondiente: Tabla A1 y Tabla A2, mientras que la tabla del anexo C será Tabla C1. De esta forma, cuando hables de la Tabla 1, tu lector sabrá que se trata de la primera tabla que aparece dentro del texto de tu trabajo, y cuando hables de la Tabla A1, sabrá que se trata de la primera tabla del anexo A (de la misma manera la Tabla C1 será la primera tabla del anexo C).

El **título** de la tabla va en la siguiente línea, debajo del número, y se escribe en cursiva. Este título tiene que ser breve y claro, pero al mismo tiempo tan descriptivo para que tu lector entienda qué información contiene la tabla en cuestión. Más adelante te explicaré cómo redactar un buen título y te pongo algunos ejemplos.

Al título lo sigue el **cuerpo** de la tabla, es decir, las filas (o líneas) y las columnas que forman celdas con los datos específicos. Vamos, la tabla en sí. Cada columna debe tener un encabezado que describe qué tipo de valores se encuentran en esta columna. Igual que el título de la tabla, el encabezado de la columna debe ser lo más breve y claro posible. Como no, también te explicaré cómo redactarlo.

La **nota** se escribe debajo del cuerpo de la tabla, después de la línea inferior, empezando por la palabra *Nota* en cursiva. Hay tres tipos de notas:

Nota general: amplía o aclara información relacionada con toda la tabla, incluye referencias bibliográficas si citas una tabla de otra publicación o añade una explicación de abreviaturas, símbolos y afines.

Nota específica: amplía o aclara información relacionada con una columna, una línea o un ítem específicos.

Nota de probabilidad: indica los resultados de pruebas significativos.

Tabla 1 ← número

Diferencias entre actividades diarias y de fin de semana entre universitarios deportistas y no deportistas ← título

Actividad	Entre diario			Fin de semana		
	Deportistas[a]	No deportistas[b]	T	Deportistas[a]	No deportistas[b]	T
Estudiar	2,57	2,82	1,04	1,56	1,96	-0,77
Dormir	7,00	7,50	2,00	7,80	8,12	0,87
Hacer la compra o tareas domésticas	0,98	1,33	1,02	1,30	1,50	0,85
Asistir a clase	4,59	5,00	1,15			
Actividades culturales	0,52	0,35	-1,09	1,60	1,40	-1,11
Trabajo remunerado	0,35	0,98	-1,02*	2,06	2,06	-0,74
Ver TV	0,63	0,55	0,47	2,80	2,67	-0,59
Hacer deporte	1,48	0,35	-7,78**	1,90	0,37	-7,91**

(cuerpo de la tabla)

Nota. Adaptado de *Entrenamiento en HHSS. Una estrategia para prevenir el consumo de drogas en jóvenes adultos,* de M. Gozalo, B. León, B. Muñoz y T. Gómez, 2003, memoria de investigación no publicada. ← nota general
[a]n = 83. [b]n = 185. ← notas específicas
* p < 0,05. ** p < 0,01. ← notas de probabilidad

4. Está diseñada con líneas horizontales

El diseño del cuerpo de la tabla debe ser limpio y claro.

Según las normas APA, las tablas no llevan líneas verticales que dividen las columnas (aunque, entiéndeme, si las pones, no te van a suspender por ello, hay errores mucho más graves).

Suelen estar formadas por tres líneas horizontales: la superior (debajo del título), la que aparece debajo de los encabezados de columnas y la inferior (al final de la tabla). Como puedes ver en la foto de abajo, a veces se usan más líneas para separar los encabezados generales de los específicos. Esto sirve para no repetir la misma palabra y para organizar la información de forma más clara. Sin embargo, procura crear no más de dos niveles ya que al final la tabla se vuelve confusa:

			← línea superior
	DDD	← encabezado general
Año	Anticolinesterásicos	Memantina	← encabezados específicos / ← línea debajo del encabezado
2002	2.037.210	NC	
2003	2.656.311	285.712	
2004	3.331.106	688.464	← línea inferior

Nota. DDD = dosis diaria definida; NC = no comercializada. Adaptado de «Evolución del consumo de fármacos específicos para la demencia en la comunidad autónoma de Madrid durante el periodo 2002-2012», de M. C. de Hoyos-Alonso, E. Tapias-Merino, C. M. Meseguer Barros, M. Sánchez-Martínez y A. Otero, 2015, *Neurología, 30*(7), p. 420.

Otro consejo: **mantén a raya tu creatividad**. Es decir, emplea un diseño sencillo, con líneas rectas continuas. Ya sé que Word ofrece muchos modelos de tablas, pero no pongas florituras. Además, sé coherente, usa el mismo modelo de la tabla a lo largo de todo el trabajo.

10 reglas básicas para elaborar las tablas de tu TFG

1. Elimina la paja

Una tabla bien elaborada demuestra que sabes seleccionar información y elegir solo la más relevante y significativa para tu trabajo. En una tabla escueta y simple, los resultados más importantes no se pierden entre los datos que no aportan nada. Por tanto, no metas en las tablas, sin ningún criterio, ni selección todos y cada uno de los datos que has obtenido en tu estudio.

Los números sueltos sin interpretar no van a decirle ni aclararle nada a tu lector. Así que incluye solo los datos más significativos y relevantes, por ejemplo, aquellos en los que vas a apoyar las conclusiones de tu investigación.

Si realizas varias mediciones del mismo experimento, no pongas los resultados de cada medición. A tu lector le interesa la media.

Además, una tabla que contiene solo la media de todas las mediciones es más clara y más fácil de interpretar a primera vista. Sé que puedes pensar que cuantos más datos incluyas, mejor porque tu trabajo perecerá más profesional, pero, créeme, conseguirás un efecto totalmente contrario.

No incluyas columnas con datos para tontos, o sea, aquellos que se pueden calcular fácilmente a partir de otras columnas. Por ejemplo:

| | Respuestas | | | |
Participante	Primera prueba	Segunda prueba	Total	M
1	5	7	12	6
2	6	8	14	7

En este ejemplo sobra la columna con la media, ya que tu lector la puede calcular muy rápido a partir de la columna con el total (tardará un segundo en dividir 12 o 14 entre 2).

2. Crea títulos breves pero explicativos

Ya hemos dicho que un buen título de la tabla debe ser corto, pero a la vez dejar claro qué tipo de información contiene la tabla en cuestión. En otras palabras, tu título no debe ser muy detallado, pero tampoco te puedes quedar corto. Fíjate en este ejemplo:

| Año | DDD | |
	Anticolinesterásicos	Memantina
2002	2.037.210	NC
2003	2.656.311	285.712
2004	3.331.106	688.464

Nota. DDD = dosis diaria definida; NC = no comercializada. Adaptado de «Evolución del consumo de fármacos específicos para la demencia en la comunidad autónoma de Madrid durante el periodo 2002-2012», de M. C. de Hoyos-Alonso, E. Tapias-Merino, C. M. Meseguer Barros, M. Sánchez-Martínez y A. Otero, 2015, *Neurología, 30*(7), p. 420.

Un título **demasiado largo** para esta tabla sería:
Consumo de fármacos específicos para la demencia (anticolinesterásicos y memantina) en la comunidad autónoma de Madrid del año 2002 al 2004, en dosis diarias definidas (DDD)
Demasiado corto:
Consumo de fármacos específicos para la demencia
Bien:
Consumo de anticolinesterásicos y mementina en la comunidad autónoma de Madrid en los años 2002-2004
Un truco para abreviar el título consiste en eliminar las palabras innecesarias como: *Datos de..., Resultados de..., Medidas de..., Valores de...* o *Cálculo de...*, etc. Ya se sabe de sobra que los números de la tabla representan datos, resultados, medidas, valores o cálculos. Así que, por ejemplo, en vez de titular tu tabla *Datos de porcentajes de población según la modalidad de*

deporte practicado, pon mejor *Porcentajes de población según la modalidad de deporte practicado.* O en vez de *Cálculo de estadísticos descriptivos de los grupos con y sin TDAH* es mejor *Estadísticos descriptivos de los grupos con y sin TDAH.*

3. Utiliza encabezados cortos y claros

Cada columna debe llevar un encabezado que describa los datos que contiene. Dado el espacio, tienen que ser todavía más breves y más explícitos que el título de la tabla. Por ello evita crear encabezados redundantes, o dicho de otra manera, no repitas las mismas palabras en varios encabezados. Por ejemplo:

Mal:

Grupo focal pacientes	Grupo focal familiares	Grupo focal profesionales

Mejor:

Grupo focal		
Pacientes	Familiares	Profesionales

Para eliminar ciertas repeticiones usa las notas. Este truco permite **quitar columnas enteras**:

Grupo	n
Pacientes	15
Familiares	15
Profesionales	15

Grupo[a]
Pacientes
Familiares
Profesionales

[a]n = 15

Para **reducir la longitud de los encabezados** puedes utilizar las abreviaturas y explicarlas en el título de la tabla o en la nota.

Abreviaturas explicadas en el título:

Tabla 3

Factores de riesgo más importantes para la enfermedad de Parkinson (EP) y la enfermedad de Alzheimer (EA)

Factor	EP	EA
Tabaco	Reduce riesgo, evidencia fuerte	Aumenta riesgo, evidencia fuerte

Abreviaturas explicadas en la nota:

Tabla 4

Consumo de fármacos específicos para la demencia en la comunidad autónoma de Madrid en 2012

Edad	Población	DDD-IACE	DDD-Memantina	DHD-IACE	DHD-Memantina
51-55	400.388	15.368	6.412	0,01	< 0,01
56-60	330.706	60.865	32.648	0,05	0,03

Nota. DDD = dosis diaria definida; IACE = anticolinesterásicos; DHD = dosis diaria definida por 100 habitantes/día. Adaptado de «Evolución del consumo de fármacos específicos para la demencia en la comunidad autónoma de Madrid durante el periodo 2002-2012», de M. C. de Hoyos-Alonso, E. Tapias-Merino, C. M. Meseguer Barros, M. Sánchez-Martínez y A. Otero, 2015, *Neurología, 30*(7), p. 420.

4. Obsesiónate con la simetría

Bueno, no te estoy diciendo que desarrolles un trastorno obsesivo-compulsivo y empieces a colocar milimétricamente todos los cuadros de tu casa, pero cuando nombres los ítems en tu tabla, presta atención a la simetría

Es decir, si vas a emplear verbos, hazlo con todos los ítems. Si optas por los sustantivos, lo mismo.

Lo vas a entender mejor si miras los ejemplos de las siguientes tablas:

No simétrico:	Simétrico:
Ítem del cuestionario	Ítem del cuestionario
No tiene suficientes ingresos	No tiene suficientes ingresos
Miedo por el futuro	Siente miedo por el futuro
Se distancia de sus amistades	Se distancia de sus amistades

No simétrico:	Simétrico:
Ítem del cuestionario	Ítem del cuestionario
Dificultades para vestirse solo	Dificultades para vestirse solo
Se siente depresivo	Sensación de depresión
Problemas para concentrarse	Problemas para concentrarse

Entiendo que no siempre se puede cumplir esta regla, pero en la medida de lo posible deberías hacerlo para que tu tabla se vea más clara y ordenada.

5. Piensa cómo vas a organizar los datos

Debes pensar cómo vas a colocar los datos en tu tabla, es decir, cómo vas a agrupar los valores. Pregúntate cuál es tu objetivo, qué conclusión quieres que saque tu lector a primera vista, en qué quieres que se fije, cómo ordenar los valores para que su significado se vea lo más claro posible. Veamos un ejemplo.

En ambas tablas (que verás a continuación) se muestra la frecuencia de respuesta positiva y la media de la puntuación de cada ítem del cuestionario de calidad de vida en la enfermedad de Parkinson de 8 ítems (PDQ-8). En la tabla 1 los datos están organizados **por el orden en el que aparecen los ítems en el cuestionario** (o eso creo, porque la verdad es que jamás he tenido este cuestionario delante de mis ojos, pero, vamos, es un ejemplo):

Ítems del cuestionario	Media ± DE	Porcentaje de respuestas positivas (> 0)
Problemas para moverse en lugares públicos	1,6 ± 1,5	60,7
Dificultad para vestirse solo	1,1 ± 1,4	50,7
Sensación de depresión	1,6 ± 1,3	72,6
Problemas en las relaciones con las personas	1,2 ± 1,5	48,3
Problemas para concentrarse	0,8 ± 1,2	37,8
Incapacidad para comunicarse	0,9 ± 1,1	48,3
Calambres musculares o espasmos dolorosos	0,9 ± 1,2	41,8
Sentimiento de vergüenza en público por la enfermedad	1,5 ± 1,3	68,7

Nota. DE = desviación estándar. Adaptado de «Factores asociados a la calidad de vida de sujetos con enfermedad de Parkinson y a la carga en el cuidador», de M. Rodríguez-Violante, A. Camacho-Ordoñez, A. Cervantes-Arriaga, P. González-Latapí y S. Velázquez-Osuna, 2015, *Neurología, 30*(5), p. 260.

Sin embargo, en la tabla 2 los mismos datos están ordenados **por el porcentaje de respuestas positivas** (de mayor a menor):

Ítems del cuestionario	Media ± DE	Porcentaje de respuestas positivas (> 0)
Sensación de depresión	1,6 ± 1,3	72,6
Sentimiento de vergüenza en público por la enfermedad	1,5 ± 1,3	68,7
Problemas para moverse en lugares públicos	1,6 ± 1,5	60,7
Dificultad para vestirse solo	1,1 ± 1,4	50,7
Problemas en las relaciones con las personas	1,2 ± 1,5	48,3
Incapacidad para comunicarse	0,9 ± 1,1	48,3
Calambres musculares o espasmos dolorosos	0,9 ± 1,2	41,8
Problemas para concentrarse	0,8 ± 1,2	37,8

Nota. DE = desviación estándar. Adaptado de «Factores asociados a la calidad de vida de sujetos con enfermedad de Parkinson y a la carga en el cuidador», de M. Rodríguez-Violante, A. Camacho-Ordoñez, A. Cervantes-Arriaga, P. González-Latapí y S. Velázquez-Osuna, 2015, *Neurología, 30*(5), p. 260.

Como te he dicho, depende de tu objetivo cómo vas a organizar los datos. Si quisieras que tu lector captase a primer golpe de vista cuáles son las preocupaciones más comunes de los enfermos de Parkinson, sin duda lo vería más claro en la tabla 2.

6. Utiliza el sentido común

Cada dato es diferente y requiere más o menos precisión, pero, antes de incluirlo tal cual en la tabla, piensa un momento si tiene sentido. Por ejemplo (es un ejemplo muy tonto, pero es para que veas a qué me refiero), si mides cuántos huevos ponen no sé cuántas gallinas y en la tabla vas a poner la media y te sale que pusieron 8,15 huevos, piensa un momento. ¿Tiene sentido ponerlo tal cual en la tabla? ¿Alguien se imagina cuánto es 0,15 de un huevo? A lo mejor sería más razonable poner directamente 8 huevos.

O imagínate que te sale que los pacientes empezaron a manifestar los primeros síntomas después de 13,86 días. ¿Cuánto, Dios santo, se supone que es 0,86 de un día? ¿No sería más claro poner 14 días?

Insisto, cada investigación es un mundo y puede que estos decimales sean importantes, pero no está de más reflexionar un poco antes de incluir cualquier valor en tu tabla. Si puedes, facilítale un poco la vida a tu lector.

7. Sé coherente

Sé consistente en la presentación de todas las tablas. Emplea el mismo diseño, no queda bien que cada tabla sea de su padre y de su madre.

Para facilitar comparaciones usa la misma terminología para todos los casos. Por ejemplo, si en una tabla utilizas el término *tiempo de respuesta*, pon lo mismo en otras tablas y no lo intercambies con *tiempo de reacción*.

Si vas a incluir en la misma tabla datos con números que no son redondos, sigue el mismo criterio. Es decir, no pongas en una celda números de dos dígitos después de la coma, en otra de tres y en otra de uno. Como consejo te diría que, siempre que puedas, no pongas valores con muchos dígitos después de la coma porque cuanto más largo el número, más liosa la tabla.

Ahora bien, según la normativa internacional, para separar la parte entera de la parte decimal se debe utilizar la coma, pero también se acepta el uso anglosajón del punto. Por lo cual puedes optar tanto por la coma como por el punto, pero sigue el mismo criterio a lo largo de todo el trabajo.

¿Y qué hacer cuando no tienes datos de alguna medición: **dejar la celda vacía o poner una raya**? Las normas APA dicen que debes dejar la celda vacía si no hay datos porque no se aplican a esta medición en concreto y poner la raya cuando sí se aplican pero no los has obtenido. Te lo explico.

Si miras una vez más la tabla con las actividades diarias de estudiantes deportistas y no deportistas, verás que las celdas correspondientes a los datos *Asistir a clase* para el fin de semana están vacías. Porque no se aplican ya que no hay clases los fines de semana (o por lo menos no para los estudiantes que han participado en este estudio):

Actividad	Entre diario			Fin de semana		
	Deportistas[a]	No deportistas[b]	T	Deportistas[a]	No deportistas[b]	T
Asistir a clase	4,59	5,00	1,15			
Actividades culturales	0,52	0,35	-1,09	1,60	1,40	-1,11

Ahora bien, en la siguiente tabla se comparan los efectos adversos de dos fármacos: pramipexol y ropinirol. Como ves, hay una raya en la casilla correspondiente a *Mareo* para pramipexol. Es porque no se obtuvieron datos. Se aplican, es decir, puede que este fármaco provoque mareos, pero no se obtuvieron:

Efecto adverso	Pramipexol (%)	Ropinirol (%)
Náuseas	39,0	52,6
Mareo	—	36,2
Somnolencia	18,3	36,3
Hipotensión	9,8	10,3

Nota. Adaptado de «Agonistas dopaminérgicos en la enfermedad de Parkinson», de A. Alonso Cánovas et al., 2014. *Neurología*, 29(4), p. 237.

¿Ves la diferencia entre poner una raya y dejar la celda vacía? Espero que sí. De todas formas si te lías, no creo que te suspendan todo el TFG solo por este detalle.

8. Ordena las notas

Ya hemos dicho que hay tres tipos de notas: generales, específicas y de probabilidad. Debes colocarlas debajo de la tabla **siguiendo este orden**: primero la nota general (se indica con la palabra *Nota* en cursiva), luego las notas específicas (se indican con letras minúsculas voladas) y por último la nota de probabilidad (se indica con asterisco volado). Cada tipo de nota debe ir en una línea nueva, como en este ejemplo:

Nota. LCE = levodopa/carbidopa/entacapona; EP = enfermedad de Parkinson.

[a]Porcentaje calculado respecto al total de pacientes evaluables. [b]Porcentaje calculado respecto al total de pacientes que presentaban el síntoma.

* $p < 0,05$

Achtung baby: si vas a incluir una tabla que procede de otra fuente y no está elaborada por ti, en la nota general debes poner la referencia del autor original de esta tabla. Aunque no la reproduzcas en su totalidad y solo sea una adaptación, también debes citar al autor original. Si te fijas bien, verás que en los ejemplos anteriores de algunas tablas he puesto:

Nota. Adaptado de «Factores asociados a la calidad de vida de sujetos con enfermedad de Parkinson y a la carga en el cuidador», de M. Rodríguez-Violante, A. Camacho-Ordoñez, A. Cervantes-Arriaga, P. González-Latapí y S. Velázquez-Osuna, 2015, *Neurología, 30*(5), p. 261.

Porque se trata de una adaptación, es decir, he utilizado los datos de la tabla original, pero o no he reproducido todos o los he expuesto de diferente forma. Si se tratara de una reproducción fiel, pondría:

Nota. Fuente: «Factores asociados a la calidad de vida de sujetos con enfermedad de Parkinson y a la carga en el cuidador», de M. Rodríguez-Violante, A. Camacho-Ordoñez, A. Cervantes-Arriaga, P. González-Latapí y S. Velázquez-Osuna, 2015, *Neurología, 30*(5), p. 261.

Presta atención a cómo y en qué orden están expuestos todos los datos de la cita: primero entre comillas va el título del artículo, luego los autores (primero las iniciales de sus nombres y luego los apellidos), el año de publicación, el título de la revista, su número y, por último, la página en la que se encuentra la tabla original.

9. Comenta cada tabla en el texto

No puedes incluir una tabla y no mencionarla en el texto. Debes comentar cada una de ellas para que tu lector sepa por qué están allí y qué información buscar en ellas.

Ahora bien, ¿cómo describir la información de las tablas en el texto? La regla número uno es: no sueltes a tu lector una chapa. **Ve al grano y comenta solo los valores más significativos de la tabla.** El truco consiste en interpretar los datos y no describir cada celda.

Ojito cuando empiezas a describir los datos diciendo: *La Tabla 1 presenta los valores de..., En la Tabla 2 se puede apreciar la medición de...* Vamos a ver, tu lector ya sabe lo que hay en cada tabla porque para eso le has puesto el título. Si ves que dentro del texto repites el título de la tabla para explicar qué información contiene, es paja. Escribe directamente cuáles son los resultados, los datos más importantes de la tabla a la que te refieres. Por ejemplo: *Como se puede apreciar en la Tabla 1, las gallinas pusieron 8 huevos.*

Saca conclusiones, explícale al lector qué sugieren los datos de la tabla en tu investigación, cuál es su significado global. Por ejemplo, no escribas: *En invierno las gallinas pusieron 4 huevos y en verano 8.* Eso ya se ve si uno mira la tabla. Si te centraras en la conclusión, tu descripción sería algo como: *Las gallinas pusieron doble cantidad de huevos en verano que en invierno.*

Sé ordenado y procura comentar los datos en el mismo orden en el que aparecen en la tabla. Así será más fácil seguir el hilo de tu descripción y, por si hace falta, encontrar los datos en la tabla.

En el texto **cita cada tabla por su número**. Por ejemplo: *Las características de ambos grupos se muestran en la Tabla 1, La comparación entre los sujetos X e Y se detalla en la Tabla 2, En la Tabla 3 se resume...,* etc. Nunca utilices expresiones como: *Como se muestra en la tabla de arriba..., Estos datos se detallan en la tabla de abajo, En la tabla de la página 32 se muestran otras características de...*

10. No repitas los datos de las tablas en las figuras

La regla es simple: para representar gráficamente unos valores o utilizas una tabla o una figura. **No dupliques la información.** ¿Cuál es mejor? Depende de lo que quieras mostrar. Está claro que para presentar números o información cuantitativa sería mejor utilizar una tabla. Sin embargo, si quieres mostrar cómo una variable depende de la otra, se vería más claro en una figura. Elijas lo que elijas, recuerda: o tabla o figura.

4 elementos a los que debes prestar especial atención al elaborar tus figuras

Todo el mundo sabe qué es una tabla, pero ¿qué es una figura? Bien, pues según las normas APA una figura es cualquier tipo de ilustración que no sea tabla (son así de chulos, ja, ja, ja). Es decir, una figura puede ser una ilustración, un gráfico, un cuadro, una fotografía, un dibujo, un esquema, un diagrama, etc. A continuación te diré cuáles son los 4 aspectos más importantes que debes tener en cuenta a la hora de elaborar cualquier figura.

1. La relevancia

Igual que una tabla, una figura debe añadir información nueva al texto de tu trabajo o aclarar algún asunto. Por lo tanto cada vez que quieras incluir un diagrama, un esquema o una foto en tu trabajo, pregúntate si de verdad es necesario, si no vas a repetir la misma información que ya has explicado con suficiente claridad por escrito. Vamos, si insertas una figura porque sientes que una imagen vale más que mil palabras, adelante.

Piensa qué tipo de figura será más adecuada para la información que quieres presentar. Por ejemplo, en un **gráfico lineal** se ven muy bien los valores que varían con el transcurso del tiempo, mientras que los **gráficos circulares** son mejores para presentar porcentajes o proporciones. Los **gráficos de barras**, en cambio, son muy útiles para comparar dos o más valores.

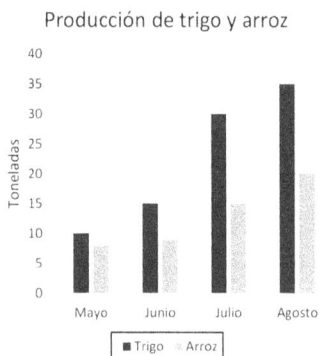

Producción de trigo y arroz

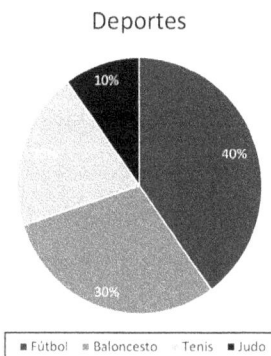

Deportes

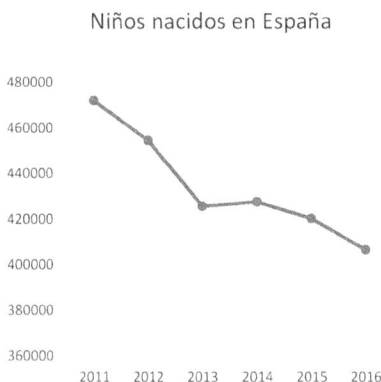

Niños nacidos en España

2. El diseño

El lector de tu trabajo debe entender cualquier figura solo con un vistazo, sin la necesidad de buscar información en el texto, así que su diseño debe ser limpio y claro. **Obsesiónate con la simplicidad, la funcionalidad y la claridad.**

No hay ninguna regla referente al tamaño de las figuras, pero procura que cada figura sea lo suficientemente grande para que todos sus detalles sean legibles sin que tu lector tenga que buscarse una lupa (sobre todo asegúrate de que todas las imágenes se vean nítidas). Un truco para comprobar que tu figura se ve bien es reducirla al 50 % e imprimirla. Si en la impresión se ven bien todos los detalles, está perfecta.

Por lo general todas las figuras suelen ser en blanco y negro, pero si vas a insertar unos gráficos de color, sé coherente y utiliza los mismos colores para los mismos valores a lo largo de todo el trabajo para que tu lector pueda identificarlos y compararlos con más facilidad. Elige colores fuertes y uniformes (nada de sombreados, mosaicos y florituras).

Si en un diagrama de barras quieres señalar los distintos valores mediante sombreados, piensa si vas a presentar tu trabajo en papel o en formato digital, porque en una impresión en blanco y negro es difícil apreciar las diferencias de sombreado. Si lo vas a presentar en papel, tu diagrama se verá más claro si rellenas las columnas con texturas diferentes (líneas, puntos, rayas, etc.). **Por lo que más quieras no pongas gráficos de columnas en 3D.** Créeme, con un efecto 3D no se ve un cagarro y queda muy mal. Un gráfico en un trabajo de investigación debe ser claro, sencillo y preciso.

Ojito también con el tipo de fuente que vas a utilizar en tu figura. No te me pongas bohemio y no metas fuentes raras que no las descifra ni Dios. Apuesta por fuentes sencillas de toda la vida como Arial, Futura o Helvetica. Las normas APA dicen que para que el lector de tu trabajo no se vuelva bizco el tamaño de la fuente debe ser no menos de 8 y no más de 14 (a lo mejor no lo dicen tal cual, pero esa es la idea principal, je, je). Sé prudente a la hora de poner la negrita. Dentro de una figura la negrita se lee peor. En serio, no inventes.

Por último, sé consistente en la presentación de las figuras que empleas para comparar datos. Usa el mismo diseño y la misma terminología para todos los casos. Igual que en las tablas, si, por ejemplo, en una figura utilizas el término *tiempo de respuesta*, no pongas en otra figura *tiempo de reacción*.

3. El número, el título y la leyenda

Las figuras también deben estar numeradas y llevar un título claro y breve pero a la vez explicativo. Mi consejo: no empieces el título por: *Imagen de lóbulos cerebrales*, *Gráfico de niños nacidos en España en los años 2011-2016*, *Diagrama de proporción de parejas jóvenes casadas*. Tu lector ya ve que tiene delante una imagen, un gráfico o un diagrama. Así que pon directamente: *Lóbulos cerebrales*, *Niños nacidos en España en los años 2011-2016*, *Proporción de parejas jóvenes casadas*.

A diferencia de las tablas, el número y el título de la figura se colocan abajo, después de la figura en sí. Debes empezar por la palabra *Figura* (en cursiva), poner el número que corresponda (con números arábigos y también en cursiva) y terminar con el punto. A continuación escribe el título. Enumera todas las figuras de forma correlativa según el orden de aparición en el texto.

Otra diferencia respecto a las tablas es que las figuras no suelen llevar notas. De acuerdo con las normas APA toda la información adicional, para aclarar la figura o para incluir la referencia bibliográfica si reproduces (o simplemente adaptas) la figura de otra publicación, va a continuación del título.

La leyenda sirve para explicar, por ejemplo, los símbolos empleados en la figura y va dentro del cuerpo de la figura (no todas las figuras la llevan). A continuación te dejo una figura modelo en la que he señalado el número, el título y la leyenda:

Andadores de puntillas

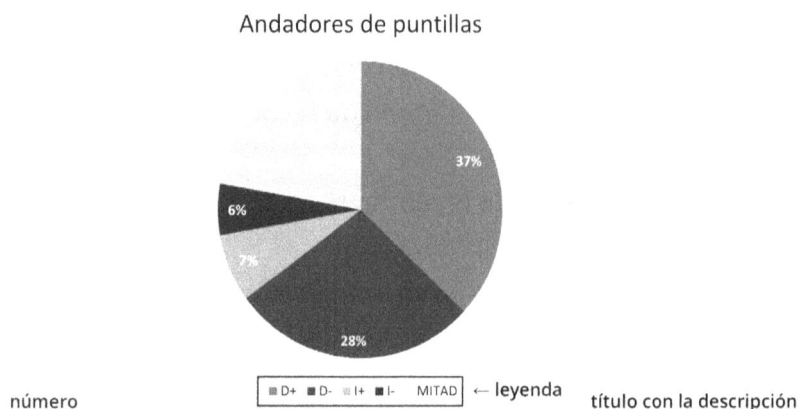

número ← ← leyenda   título con la descripción

Figura 1. Utilización de los pies en las distintas pruebas empleadas para evaluar la lateralidad podálica en los andadores de puntillas. D+ = uso exclusivo del pie derecho; D- = uso preferente del pie derecho; I+ = uso exclusivo del pie izquierdo; I- = uso preferente del pie izquierdo; MITAD = realización de las pruebas con los dos pies alternativamente, utilizando los dos el mismo número de veces. Adaptado de «Desarrollo neuromadurativo en andadores de puntillas de edad preescolar», de P. Martín-Casas, R. Ballestero-Pérez, A. Meneses-Monroy, J. V. Beneit-Montesinos, M. A. Atín-Arratibel y J. A. Portellano-Pérez, 2017, *Neurología, 32*(7), p. 451.

4. La relación con el texto

Igual que pasaba con las tablas, debes comentar en el texto cada figura que incluyas. Los consejos para comentar bien las figuras son los mismos que para las tablas, así que echa un vistazo al punto 9 del apartado anterior Comenta cada tabla en el texto.

Por si acaso te recuerdo: **cita las figuras dentro del texto de tu trabajo por su número**. Por ejemplo: *Como se muestra en la Figura 1...* Nunca escribas: *Como se muestra en la figura de arriba..., En la figura que se ve abajo... o Como se ve en la figura de la página 48...*

174

Capítulo 25: 10 recomendaciones para escribir los resultados de tu TFG

Los resultados son una de las partes más importantes de tu TFG (si no la más importante). Si no tienes tiempo de leer un artículo o una investigación completos, ¿qué partes hojeas? Apuesto lo que quieras a que son el resumen, la introducción y los resultados (a lo mejor también las conclusiones).

En los resultados explicas qué has descubierto en tu trabajo. Por eso es muy importante que escribas este apartado de forma clara y ordenada, y que incluyas la información más relevante. Pero no te preocupes, te voy a dar **10 consejos para que redactes los resultados de tu TFG de forma impoluta**.

Resultados vs. conclusiones

La gran duda es: ¿cuál es la diferencia entre los resultados y las conclusiones?

Simplificando bastante, **los resultados** responden a la pregunta: ¿qué has conseguido con tu investigación? Mientras que **las conclusiones** responden a: ¿cómo estos datos se relacionan con el objetivo de tu trabajo (o con la hipótesis) y qué demuestran?

De forma muy general en las conclusiones también debes indicar:

- ¿Qué nuevos enfoques a conseguir puedes proponer en la línea de tu investigación? (¿Qué se puede hacer más o de otra forma?)
- ¿Qué posibles líneas adicionales de investigación relacionadas con tu estudio se podrían llevar a cabo en el futuro?
- ¿En qué más campos de estudio se podría aplicar tu investigación?

En definitiva, **los resultados** no son otra cosa que un resumen de los datos que has obtenido con tu investigación y **las conclusiones** la explicación sobre cómo estos datos se relacionan con el objetivo y la hipótesis de tu trabajo.

Parece que los resultados es una parte fácil de escribir porque se trata de explicar qué has descubierto, pero a la hora de la verdad te empiezan a surgir miles de preguntas:

- ¿Cómo exactamente escribir este apartado?
- ¿Qué datos seleccionar?
- ¿En qué tiempo verbal escribirlo?
- ¿Qué tipo de lenguaje utilizar?

Te respondo a todas estas preguntas en mi lista de **10 cosas que debes tener claras a la hora de escribir los resultados de tu trabajo**.

1. Elige los resultados más relevantes

No describas todos y cada uno de los resultados que has obtenido a la largo de tu investigación. **Solo importan aquellos datos que están relacionados con la hipótesis de tu trabajo.** Así que no incluyas todos los detalles. Elige y sintetiza los resultados más relevantes para los objetivos y la hipótesis de tu investigación.

2. Sé objetivo

Es verdad que tienes que seleccionar qué resultados vas a incluir y que deberían ser los más relevantes y relacionados con el objetivo y la hipótesis de tu trabajo. Pero ¡ojo!, relevantes no significa «los que me convienen». Tienes que ser honesto y objetivo. Con esto me refiero a que no puedes seleccionar solo aquellos datos que te convienen porque confirman tu hipótesis y obviar todo aquello que no se ajusta a tus expectativas.

Se trata de describir los resultados que has obtenido en tu investigación de forma más completa y objetiva posible. Así que **no te olvides de los resultados negativos** (si los has obtenido) **o de aquellos que refutan tu hipótesis** (si son significativos).

3. No confundas resultados con datos pelados y mondados

El objetivo no es recoger simples números ni describir con palabras todos los valores incluidos en las tablas o las figuras y ya.

Debes señalar hacia dónde llevan estos datos, qué demuestran o qué sugieren.

4. No cuentes tu opinión personal

Recuerda que estás escribiendo un trabajo de investigación y el apartado de los resultados forma parte de ello. A nadie le interesa tu opinión personal ni quiere saber que algo parece, a lo mejor es o a lo mejor no es.

Debes presentar una valoración final de lo que has conseguido y **todo lo que digas tiene que estar respaldado por los resultados obtenidos**. Tiene que ser una descripción objetiva, clara e imparcial. Algo es o no es. No puede ser que algo «parece», sino que hay datos sólidos que avalan tus resultados o los contradicen.

5. No seas demasiado tajante

Es decir, tampoco caigas en otro extremo.

Es verdad que los datos y tus afirmaciones deben ser sólidos, pero en la mayoría de los casos no podrás asegurar al 100 % que cierta manipulación ha causado un resultado determinado. Digamos que es bastante arriesgado afirmar que tu investigación es superexhaustiva y presenta unos resultados megacontundentes.

Por muy meticuloso que quieras ser en tu estudio, **habrá muchas variables que no podrás controlar y que pueden influir en los resultados** de tu investigación. Así que en vez de afirmar tajantemente que X ha causado Y o que X ha tenido impacto sobre Y, o que Y es el efecto de X, es mejor ser más prudente y decir que el resultado Y está asociado a la variable X o que existe una relación entre X e Y.

6. No metas información de otros apartados

Los resultados son los resultados, así que en este apartado debes centrarte en describir eso y no enrollarte en nada más. No repitas información de otros apartados.

Por ejemplo, no describas paso por paso qué has hecho a lo largo de tu investigación ni cómo lo has hecho. Se supone que ya lo has descrito en el apartado de materiales y métodos. Tampoco debes perder el tiempo en explicar qué valor aportan tus resultados en tu campo de estudio. Te tocará hacerlo en la discusión (y también has hablado de ello en la introducción).

Céntrate en explicar qué muestra tu investigación y qué has descubierto.

7. Describe los resultados que has conseguido TÚ

Parece un consejo muy obvio, pero en realidad no lo es.

Un error muy común es comparar tus resultados con lo que han conseguido y lo que han descubierto otros investigadores. Así que recuerda que debes centrarte en describir qué es lo que has conseguido **tú**, cuáles son **tus** resultados.

No mezcles los resultados con la discusión. Ya relacionarás tus resultados con los resultados de los demás en esta última.

8. Utiliza tablas y figuras

Las tablas y figuras pueden ser muy útiles a la hora de resumir los resultados de tu investigación.

Ahora bien, **no plantes las tablas sin más**. Debes explicar qué significan los datos de las tablas, cómo se relacionan con tus objetivos y qué demuestran. Recuerda que debes incluir en ellas solo los datos más significativos y relevantes. Solo aquellos que se relacionan con los objetivos y la hipótesis de tu investigación.

9. Escribe en pasado

Se supone que tus resultados son fruto de las acciones (pruebas, test, análisis, encuestas, entrevistas, experimentos, etc.) que sucedieron en el pasado (es decir, que ya están realizados).

Si te das cuenta, en los resultados describes lo que ya has hecho y no lo que estás haciendo, así que utiliza verbos en pasado. **Puedes utilizar el presente para describir lo que muestran los datos de las tablas o figuras.**

10. Presenta tus resultados de forma clara y concisa

El apartado de los resultados debe ser corto y ordenado. No metas paja.

Tu lector debe tener clarísimo de qué se deduce cada resultado o con qué otro dato lo estás comparando.

Cuida el lenguaje para que sea entendible y preciso. Tu escritura debe reflejar un pensamiento lógico y estaría genial si se leyera de forma fácil y agradable. Así que para no complicarte la vida **utiliza frases cortas y simples**.

Estructura bien todos los datos. Primero puedes presentar los resultados y las tendencias más generales y luego pasar a los más específicos.

Capítulo 26: 4 pasos sencillos para conseguir una buena discusión

El lector de tu trabajo acaba de leer el capítulo Resultados y ya sabe qué resultados has obtenido en tu investigación. Sin embargo, todavía no tiene ni idea cuáles de tus resultados son nuevos para el campo de estudio en cuestión, cuáles se repiten en las investigaciones anteriores, cuáles son iguales y cuáles son diferentes. Todo eso se lo vas a explicar en el capítulo titulado Discusión.

La discusión y las conclusiones, en algunos trabajos, se dividen en dos capítulos independientes y, en otros, las conclusiones forman parte de la discusión. Consulta la guía del TFG de tu centro para saber qué estructura debes seguir en el tuyo. Yo voy a explicarte estas dos partes por separado, pero si tienes que incluir las conclusiones dentro de la discusión, simplemente añádelas al final, como el último párrafo.

Objetivos de la discusión

En este apartado está el meollo de tu investigación: respondes a la hipótesis que has planteado en la introducción y dices si has alcanzado tus objetivos o no. Además, explicas cómo tus resultados se relacionan con los resultados de otros estudiosos en la materia.

Resumiendo mucho, el objetivo de esta parte es elegir los resultados más relevantes de tu estudio, compararlos con lo que han hecho los demás y señalar por qué lo que has hecho tú es igual de importante.

Ahora, ¿cómo hacerlo bien? ¿Cómo redactar la discusión de forma ordenada y que contenga toda la información necesaria? Sigue estos cuatro pasos.

1. Identifica y resume brevemente tus resultados más relevantes

Ya hemos dicho que el objetivo de esta parte consiste en mostrar qué significado en tu campo de estudio tienen los resultados que has obtenido y dejarle claro al lector por qué tus resultados son importantes. Pero está claro que no vas a discutir todos y cada uno de los resultados de tu trabajo. Recuerda que tu lector acaba de leer un capítulo entero dedicado a ello. Por eso para la discusión **debes elegir solo los resultados más relevantes**. ¿Cómo identificarlos?

Puedes empezar dando respuesta a la pregunta que planteabas en la introducción y diciendo si has obtenido los objetivos que esperabas. Los resultados que apoyan tu respuesta a estas dos cuestiones son en los que debes centrarte ahora. Puede que tus resultados sean negativos y que refuten tu hipótesis inicial. Aunque pase eso, son igual de importantes porque tienen que ver con tu hipótesis y tus objetivos.

Ni que decir tiene que debes elegir resultados que has obtenido de verdad (sean positivos o no) y no aquellos que no te han salido, pero te gustaría haberlos conseguido.

Brevemente resume estos resultados. A partir de ahora serán tu brújula. Si los tienes en mente mientras escribes esta parte, no te irás por las ramas.

Para resumir el objetivo de tu trabajo y tus resultados más importantes puedes utilizar frases como:

- De los resultados obtenidos se puede concluir que...
- El objetivo del presente trabajo fue...
- En esta investigación se analizaron... En general, los resultados muestran que...
- Los resultados de la presente investigación demuestran que...

2. Compara tus resultados con los resultados de las investigaciones más significativas de tu campo

Recuerda que a partir de ahora estamos hablando de los resultados que has elegido como más relevantes porque son los que dan respuesta a tu hipótesis y tus objetivos. Así que cuando compares tus resultados con los resultados de otras investigaciones, hablarás solo de estos resultados seleccionados. Gracias a eso no te irás por las ramas y no cometerás **dos errores muy comunes**: (1) comentar resultados que no están en tu investigación y (2) centrarte demasiado en los resultados de los demás.

Facilita mucho la lectura si discutes los resultados en el mismo orden en el que los has organizado en el capítulo Resultados. Queda mucho más ordenado y tu lector seguirá el hilo sin problemas.

Di cómo tus resultados apoyan, refutan o amplían lo que han demostrado otros investigadores, pero respalda tus argumentos con pruebas, datos demostrables y no con tus interpretaciones u opiniones personales. Es decir, debes apoyar con una cita qué investigación coincide o difiere de tu resultado. Tampoco te obsesiones y no incluyas mil citas. Basta con las más relevantes en tu campo y, por supuesto, limítate a las que se relacionan con el tema de tu propia investigación.

No comentes trabajos realizados por otros autores uno por uno. Mejor cita varios trabajos que se relacionan con el resultado que tú quieres comentar. Puedes utilizar frases como las siguientes:

- Investigaciones previas (Fulanito, 2015; Menganito, 2003 y Pepito, 2006) han reportado que...
- Diferentes informes (Fulanito, 2015; Menganito, 2003 y Pepito, 2006) han demostrado que...
- La mayoría de los estudios (Fulanito, 2015; Menganito, 2003 y Pepito, 2006) señalan que...
- Nuestros resultados concuerdan con investigaciones previas (Fulanito, 2015; Menganito, 2003 y Pepito, 2006), en las cuales se demostró que...
- Este resultado tiene relación con lo encontrado por Pepito (2006), quien señaló que...
- Este resultado es coherente con el planteamiento de Fulanito (2015), quien afirma que...
- Al igual que en el trabajo realizado por Menganito (2003), quien comparó..., en el presente trabajo no se encontraron diferencias significativas en...
- El aumento en el desempeño en la tarea de planificación junto con el aumento de la edad sugiere que este aspecto de la función ejecutiva evoluciona con el desarrollo cognitivo, tal como encontraron Injoque-Ricle et al. (2014), Krikorian et al. (1994), Lipina et al. (2004), Mahone et al. (2002), Malloy-Diniz et al. (2008) y Phillips et al. (1999).

El último ejemplo proviene del artículo «Poder predictivo de la edad y la inteligencia en el desempeño de una tarea de planificación: Torre de Londres», de Irena Injoque-Ricle, Juan Pablo Barreyro, Alejandra Calero, Débora I. Burin. Doi: http://dx.doi.org/10.12804/revistas.urosario.edu.co/apl/a.4116

- Pepito, Fulanito y Menganito (2001), encontraron diferencias en…, pero no encontraron diferencias en… Este resultado se distancia con lo encontrado en el presente estudio donde…
- Al comparar los resultados de Pepito y Fulanito (2013) con el presente estudio, se diferencia que en los resultados de la presente investigación…

3. Explica qué información nueva aportan tus resultados

En caso de un TFG (o un TFM incluso) es muy raro que tus resultados sean revolucionarios o novedosos siquiera, pero en una investigación más seria sería lo suyo. La idea es que tu trabajo aporte información nueva a lo que ya se ha estudiado en tu campo.

Si tu TFG (o TFM) aporta resultados hasta hora desconocidos, ahora es el momento de fradar de ello. Es broma, pero, hablando en serio, después de seleccionar los resultados más relevantes y compararlos con lo que han hecho otros investigadores, toca señalar qué información nueva aportas tú con tu estudio.

Si lo que demuestras es muy innovador y va en contra de lo que dice la mayoría, no te creas el más listo de todos. Por muy innovador que sea tu estudio acuérdate de que eres el último mono que ha llegado allí. Estas personas investigaron el asunto antes que tú, dedicaron muchas horas de su vida para profundizar en el tema y sus trabajos te han llevado hacia donde estás ahora. Aunque hayas descubierto algo nuevo, sin sus investigaciones tendrías que empezar desde cero. Su mérito es innegable. No me seas Sheldon Cooper y reconóceselo.

4. Indica las fortalezas y las debilidades de tu estudio

Obviamente ninguna investigación es perfecta. Hasta un estudio desarrollado por unos científicos de fama mundial y hecho en un laboratorio equipado con las herramientas de última generación tiene sus limitaciones. Así que ¿dime si tu TFM no va a tenerlas? Por si acaso te lo digo yo: sí, las va a tener. Por eso el último párrafo de la discusión es el mejor sitio para comentarlas.

Empieza con las fortalezas y termina con las limitaciones, pero cuando hables de estas últimas, no tires piedras sobre tu propio tejado. Es decir, como te acabo de explicar, ningún estudio está exento de limitaciones y debilidades, ninguna investigación es perfecta, pero tampoco hace falta dar la impresión de que en tu estudio hay más limitaciones que fortalezas. Comenta solo aquellas limitaciones que de verdad afectan tu investigación, no hables de sus debilidades en general. Si es posible, explica cómo has intentado solventarlas.

Te dejo varios ejemplos para que veas cómo se suele construir este párrafo:

La investigación tiene varias limitaciones. El legrado uterino y la biopsia endometrial fueron realizados por varios médicos, no solo por un operador único, con diferentes anestesias. Aunque se les instruyó en forma individual para evaluar cada una de las características del estudio, es difícil estar seguro de que la valoración fuese homogénea. Las biopsias fueron planificadas independientemente del ciclo menstrual, lo cual puede modificar los efectos farmacológicos. Por otro lado, existe la posibilidad que en algunas mujeres con hemorragia genital abundante al momento del inicio del tratamiento el fármaco fuese «lavado» de la vagina antes de producir efectos farmacológicos significativos.

El ejemplo proviene del artículo «Mononitrato de isosorbide o misoprostol vaginal antes de realizar la biopsia de endometrio», de Darvis Amaya-Ordóñez, Eduardo Reyna-Villasmil, Jorly Mejia-Montilla, Nadia Reyna-Villasmil, Duly Torres-Cepeda, Joel Santos-Bolívar, Andreina Fernández-Ramírez. *Avances en Biomedicina* 2017; 6.

Como limitación del presente estudio podemos manifestar que el tamaño de la muestra, que si bien es cierto nos permite afirmar que este estudio presenta una potencia estadística adecuada, se presenta con limitaciones para que el estudio pueda extrapolarse a la población general con TDAH. Uno de los principales factores para el trabajo con una muestra pequeña radica en la dificultad de localización de participantes que cuenten con un diagnóstico clínico y no presenten algún tipo de necesidad educativa especial que pudiera influir en los resultados obtenidos.

El ejemplo proviene del artículo «Control inhibitorio y monitorización en población infantil con TDAH», de Carlos Ramos-Galarza, Claudia Pérez-Salas. Doi: http://dx.doi.org/10.12804/revistas.urosario.edu.co/apl/a.4195

Algunas de las limitaciones presentes en este estudio son, por un lado, la reducida muestra estudiada, debido a que el estudio se realizó en una UTCA y la participación era voluntaria.

Por otro lado, la CDR estimada no es exacta puesto que, al no disponer de los datos reales de peso, talla y actividad física de los familiares de pacientes con TCA se han empleado los datos recogidos por la AEP.

El ejemplo proviene del artículo «Elección dietética de familiares de pacientes con trastornos de la conducta alimentaria», de Inmaculada Ruiz Prieto. *Trastornos de la Conducta Alimentaria* 13 (2011), 1384-1415.

Los resultados de este estudio deben interpretarse teniendo en cuenta las siguientes limitaciones: pudieron haberse producido sesgos en el registro de los datos extraídos de las historias clínicas por desviaciones en la codificación de las patologías; se obtuvo información del diagnóstico y el tratamiento, pero no las razones por las que no se prescribía el tratamiento profiláctico de ACV, y no se ha valorado individualmente a cada sujeto, con lo que pueden existir factores que no se hayan tenido en cuenta y que repercutan sobre algún resultado.

El ejemplo proviene del artículo «Prevalencia de patología cardiovascular y polifarmacia en ancianos que viven en residencias de la Comunidad Valenciana», de Francisco Miguel Martínez-Arnau, María Mercedes Bou-Moreno, Pilar Pérez-Ros y Fermín García-Gollarte. *THERAPEÍA* 8 [julio 2016], 19-29.

En el siguiente capítulo te explicaré cómo redactar las conclusiones. Si debes incluirlas en la discusión, agrega un párrafo más y sigue mis consejos.

Capítulo 27: 4 características de unas conclusiones que demuestran que tu trabajo ha valido la pena

Las conclusiones es un apartado corto (a menudo un párrafo), pero muy importante porque pone el punto final a tu investigación. Son el cierre que demuestra (o no, je, je) que tu estudio ha valido la pena y es relevante para el campo de conocimiento en cuestión.

El contenido de este apartado es una consecuencia de los apartados anteriores: Resultados y Discusión. Si en Resultados presentabas los resultados de tu investigación, en Discusión relacionabas estos resultados con los de otros estudios pertinentes, pues en Conclusiones vas a presentar tu decisión final sobre si tus hallazgos apoyan o no tu hipótesis.

Si no tienes experiencia en escribir trabajos académicos, este apartado puede darte dolores de cabeza a la hora de encontrar una forma adecuada de resumir lo más importante de tu trabajo y no repetirte. Por eso te presento cuatro características de unas conclusiones bien redactadas.

1. Responden de forma contundente a las preguntas formuladas en la introducción

Unas buenas conclusiones están estrechamente relacionadas con el objetivo de tu trabajo, la hipótesis y los resultados. Así que la primera frase de este apartado debe responder de forma clara a las preguntas que planteabas en la introducción, es decir, si has conseguido el objetivo de tu trabajo y si los resultados confirman tu hipótesis.

Por ejemplo, si en la introducción indicas que el objetivo de tu trabajo es investigar si el café influye en el nivel de concentración, en las conclusiones debes responder claramente y en una frase si influye o no. Como siempre te dejaré un par de ejemplos de investigaciones reales.

El objetivo de los autores del artículo «Impulsividad en pacientes migrañosos: estudio en una serie de 155 casos» fue averiguar si la impulsividad está relacionada con la migraña crónica o con el uso excesivo de medicación. En las conclusiones dicen: «En nuestra población de migrañosos la impulsividad es frecuente, pero, a diferencia de los estados de ánimo, no se correlaciona con migraña crónica o uso excesivo de medicación». O sea, la respuesta es no, la impulsividad no influye en la migraña ni en el uso excesivo de medicación.

El ejemplo proviene del artículo «Impulsividad en pacientes migrañosos: estudio en una serie de 155 casos», de I. Muñoz, M.S. Hernández, M.I. Pedraza, E. Domínguez, M. Ruiz, G. Isidro, E. Mayor, E.M. Sotelo, V. Molina, A.L. Guerrero, F. Uribe. DOI: 10.1016/j.nrl.2014.10.006

En la introducción del artículo «¿Ha cambiado la actividad asistencial de la neurología pediátrica en 11 años?» sus autores señalan:

Pensamos que en la última década ha existido un cambio sustancial en la demanda de atención de neurología pediátrica por parte de la población, con un aumento de la misma, pero también con un cambio cualitativo en las patologías que se atienden.

Por este motivo nos planteamos realizar un segundo registro y analizar si existían o no diferencias con el efectuado en el año 2002.

Como verás, en las conclusiones dan clara respuesta a estas preguntas:

En conclusión podemos decir que la actividad asistencial en la consulta de neurología pediátrica se ha incrementado considerablemente en los últimos años, que este aumento se debe fundamentalmente a los trastornos del neurodesarrollo y muy especialmente al TDAH.

Los ejemplos provienen del artículo «¿Ha cambiado la actividad asistencial de la neurología pediátrica en 11 años?», de B. Martínez Menéndez, E. Escolar Escamilla, A. Pinel González, M. Cerezo García, F. J. Martínez Sarries, L. Morlán Gracia. doi.org/10.1016/j.nrl.2014.09.011

Espero que con estos ejemplos te haya quedado claro cómo las conclusiones de tu trabajo tienen que coincidir con las preguntas de la introducción.

2. Se justifican

Con decir que unas buenas conclusiones se justifican me refiero a que tienes que apoyarlas en los resultados de tu trabajo. Una vez más apóyate en datos demostrables. Fuera las opiniones personales, nada de *parece que…*, *creo que…*, *en mi opinión…*

Si pensamos en los ejemplos anteriores, no puedes concluir que la impulsividad no influye en la migraña o que ahora se atienden más casos de neurología pediátrica que hace 11 años si los resultados de tu investigación no confirman tales afirmaciones. Es un poco de cajón, pero conviene tenerlo presente.

Tus conclusiones deben ser coherentes tanto con los objetivos y la hipótesis de la introducción como con los resultados de tu estudio. Si las conclusiones no tienen nada que ver con el objetivo que has planteado al inicio ni se apoyan en los resultados que has obtenido, todo tu trabajo se verá incongruente, o sea, que no ha valido la pena.

3. Proponen sugerencias para futuras investigaciones

Unas buenas conclusiones hacen una especulación sobre el futuro. Eso quiere decir que debes sugerir las posibles líneas adicionales de investigación relacionadas con tu estudio que se podrían llevar a cabo en el futuro, indicar nuevos enfoques que se podrían conseguir o señalar en cuáles campos de estudio afines al tuyo se podría aplicar tu investigación.

Volviendo a nuestros ejemplos sobre la impulsividad y la atención en neurología pediátrica, sus autores formulan las sugerencias de futuras investigaciones de la siguiente manera:

Son necesarios nuevos estudios que profundicen acerca de la hipotética relación entre las bases neurobiológicas de la impulsividad y el dolor, en especial el de características crónicas, así como de su influencia en la aparición de patrones de afrontamiento al dolor disfuncionales. El perfil psicológico anormal de un paciente con migraña puede tener importantes implicaciones clínicas y terapéuticas. La evaluación psicopatológica es importante por su significado pronóstico ya que puede proporcionar información adicional de utilidad en la decisión entre diferentes opciones de tratamiento.

El ejemplo proviene del artículo «Impulsividad en pacientes migrañosos: estudio en una serie de 155 casos», de I. Muñoz, M.S. Hernández, M.I. Pedraza, E. Domínguez, M. Ruiz, G. Isidro, E. Mayor, E.M. Sotelo, V. Molina, A.L. Guerrero, F. Uribe. DOI: 10.1016/j.nrl.2014.10.006

Si pensamos en las cifras de prevalencia de estos problemas (5,3 % en el caso de TDAH) es evidente que no podemos atender y seguir a todos estos pacientes en atención especializada (…) por ello, entre todos tendremos que desarrollar protocolos de seguimiento y coordinación con Atención Primaria para poder atender a esta demanda de la sociedad, porque aunque lo más importante en estos procesos sea la actuación en el entorno educativo lo cierto es que la medicación ha demostrado claramente su eficacia y por tanto muchos de estos niños necesitan la actuación de un médico.

El ejemplo proviene del artículo «¿Ha cambiado la actividad asistencial de la neurología pediátrica en 11 años?», de B. Martínez Menéndez, E. Escolar Escamilla, A. Pinel González, M. Cerezo García, F. J. Martínez Sarries, L. Morlán Gracia. doi.org/10.1016/j.nrl.2014.09.011

4. Están redactadas de forma clara y concisa

Escribir con un estilo lo más breve y lo más simple posible es un consejo que he repetido varias veces en este libro y sin duda volveré a mencionarlo en más de una ocasión. Las conclusiones de tu TFG no son una excepción, así que redáctalas de forma sintética, clara y coherente con el planteamiento del trabajo. No te enrolles, ve al grano y utiliza frases cortas y simples.

No repitas información de otros apartados. Responde a las preguntas de la introducción, apoya tu respuesta con los resultados y propón algunas sugerencias para futuras investigaciones. Esto es suficiente para conseguir unas buenas conclusiones que demuestran que tu investigación ha valido la pena.

Capítulo 28: 2 reglas básicas para incluir anexos

En tu trabajo puedes incluir anexos. Puedes, pero no es obligatorio. Los anexos solo son útiles si los materiales que vas a incluir en ellos facilitan o ilustran mejor la lectura del estudio. Ya hemos dicho que en los anexos puedes adjuntar documentos como:

- mapas;
- tablas y cuadros de datos completos;
- muestras de hojas de respuesta de test, cuestionarios, entrevistas, formularios, etc., que has utilizado en tu investigación;
- fotografías o ilustraciones;
- textos transcritos o fotocopiados;
- textos medievales;
- transcripciones de textos orales;
- documentos jurídicos;
- glosarios, etc.

La forma en la que debes presentar estos materiales adicionales es bastante sencilla. Solo tienes que seguir 2 reglas:

1. Asigna a cada anexo una letra y ponle un título

Según las normas APA, cada anexo debe estar etiquetado con una letra en mayúscula y llevar un título.

Si vas a incluir solo un anexo, puedes poner simplemente Anexo, pero si son más, debes etiquetarlos Anexo A, Anexo B, Anexo C... según el orden en el que los menciones en el texto principal de tu trabajo. En el texto cita los anexos por su letra, no por el título. Por ejemplo:

Para este estudio se utilizó el cuestionario de características psicológicas relacionadas con el rendimiento deportivo (CPRD) en el que se han hecho ligeras modificaciones en algunos de sus ítems (**véase Anexo A**).

2. Coloca cada anexo en una página nueva

Es decir, si tu anexo A termina a mitad de un folio, no empieces en este mismo folio el anexo B, sino llévalo a la siguiente página.

Arriba de la página escribe centrado Anexo A (B, C...) y en una línea nueva pon el título del anexo (también centrado). Por ejemplo:

Anexo A
CPRD modificado para árbitros

Capítulo 29: Qué tiempos verbales debes usar en tu TFG y qué tipo de lenguaje es el adecuado

Una de las eternas dudas a la hora de escribir tu TFG es qué tiempos verbales hay que utilizar. ¿Se debería escribir en pasado o en presente? ¿O a lo mejor en futuro?

Otro problema surge con las personas. ¿Hay que escribir en la primera singular *yo*, la primera plural *nosotros* o hacerlo de modo impersonal?

Si todas estas preguntas te asaltan cada vez que te pones a escribir tu TFG, por fin vas a encontrar las respuestas.

Cómo usar los tiempos verbales en cada apartado

Empecemos por la preocupación más común: **¿qué tiempos verbales hay que utilizar?** La respuesta es: depende del apartado. Eso sí, casi nunca se utiliza el futuro. **Los dos tiempos que vas a manejar son el presente y el pasado.** A continuación te explicaré qué tiempo verbal utilizar en cada apartado y te voy a poner un ejemplo de una investigación real para cada caso.

Son ejemplos un poco cada uno de su padre y de su madre; es decir, no pertenecen a la misma investigación. En parte lo he hecho para que sea más variado y más fácil de entender. Y en parte porque, aunque no lo creas, es muy difícil encontrar una investigación escrita de principio a fin según las recomendaciones oficiales.

No es que los investigadores con más experiencia escriban mal (que también pasa), sino que cada revista tiene sus propias normas de publicación y estas normas no siempre se corresponden con lo que te exigen en el TFG. Y ya que yo quiero darte ejemplos muy prácticos y representativos, pues he tenido que rebuscar entre varios artículos para seleccionar la forma que nos interesa.

Bueno, dicho esto, veamos cómo emplear los tiempos verbales en cada apartado de tu TFG.

Resumen (abstract)

Hemos dicho que el resumen es como tu TFG en miniatura. Debes incorporar en él todos los aspectos más importantes, incluidos los objetivos, los resultados y las conclusiones.

En este apartado se suele emplear **tanto el pasado como el presente**. Normalmente se escribe todo en pasado salvo las conclusiones. Aunque hay autores que prefieren utilizar el presente también para empezar el resumen y anunciar en este tiempo verbal los objetivos.

Yo he buscado un ejemplo modelo para que captes bien la idea. Para eso he tenido que recurrir a una investigación de medicina. Sé que es un tochaco de resumen sobre un tema que ni papa (por lo menos en mi caso), pero no te asustes. La idea es que entiendas cómo emplear los tiempos verbales en cada parte del abstract y en este ejemplo esto se ve muy bien. Para que lo veas más claro te he marcado en negrita las partes a las que tienes que prestar atención:

El objetivo fue comparar la efectividad del mononitrato de isosorbide vaginal con misoprostol vaginal para realizar la biopsia de endometrio. **Se seleccionaron y asignaron al**

azar mujeres a las que se les sometió a biopsia de endometrio para recibir por vía vaginal 40 mg de mononitrato de isosorbide (grupo A, n = 45) o 400 μg de misoprostol (grupo B, n = 45) al menos 12 horas antes del procedimiento. **Se evaluaron** las características generales, intensidad del dolor, uso de dilatadores, necesidad de mayor dilatación cervical y efectos adversos en ambos grupos. **No se encontraron diferencias significativas en** las características generales entre el grupo de mujeres tratadas con mononitrato de isosorbide y las mujeres tratadas con misoprostol (p = ns). Tampoco se encontraron diferencias significativa con relación a la intensidad del dolor, frecuencia de dolor severo, uso de dilatadores o necesidad de mayor dilatación cervical entre el grupo de mujeres del grupo A y aquellas en el grupo B (p = ns). **La frecuencia de cefalea fue significativamente más elevada en** las mujeres del grupo A y la incidencia de sangrado genital fue significativamente más alta en el grupo B (p < 0,05). **Veinticinco mujeres en el grupo A y 17 mujeres en el grupo B indicaron que** no utilizarían el fármaco si necesitaran otra biopsia endometrial (p = ns). **Se concluye que** el mononitrato de isosorbide vaginal tiene la misma efectividad que el misoprostol vaginal para la realización de la biopsia de endometrio.

El ejemplo proviene del artículo «Mononitrato de isosorbide o misoprostol vaginal antes de realizar la biopsia de endometrio», de Darvis Amaya-Ordóñez, Eduardo Reyna Villasmil, Jorly Mejia Montilla, Nadia Reyna Villasmil, Duly Torres Cepeda, Joel Santos Bolívar, Andreina Fernández Ramírez. *Avances en Biomedicina* 2017, 6 (1).

Fíjate en la estructura y cómo se utiliza el pasado salvo en las conclusiones:

- Primero se anuncia el **objetivo**: El objetivo fue...
- Luego des describen los **materiales y métodos**: Se seleccionaron y asignaron al azar mujeres a las que se les sometió a... Se evaluaron...
- A continuación se indican los **resultados**: No se encontraron diferencias significativas en... La frecuencia de cefalea fue significativamente más elevada en... Veinticinco mujeres en el grupo A y 17 mujeres en el grupo B indicaron que...
- Por último se destacan las **conclusiones** más importantes (en **presente**): Se concluye que...
  Se ve muy claro, ¿no?

Introducción

La introducción se escribe en **presente**. Así que utiliza este tiempo verbal para redactar toda la bibliografía (el marco teórico) que vas a comentar en este apartado. Mira cómo se empieza la introducción en este ejemplo:

El trastorno por déficit de atención con hiperactividad (TDAH) **es definido** por la Asociación Americana de Psiquiatría (APA) como un trastorno del neurodesarrollo que **presenta** un cuadro clínico caracterizado por...

Más adelante se añade información relacionada con algunos autores:

Uno de los autores que mayor avance ha realizado en la comprensión teórica del TDAH **es** Barkley (1997, 2011), quien **afirma** que este trastorno sería producto de una afectación del control inhibitorio.

El ejemplo proviene del artículo «Control inhibitorio y monitorización en población infantil con TDAH», de Carlos Ramos-Galarza, Claudia Pérez-Salas. Doi: http://dx.doi.org/10.12804/revistas.urosario.edu.co/apl/a.4195

Me imagino que queda bastante claro.

Materiales y métodos

Dado que en este apartado describes qué has hecho, cuándo, dónde, cómo y por qué, debes utilizar el **pasado**. Se supone que estás describiendo qué has hecho, qué materiales has utilizado, qué métodos has seguido en tu investigación, que ya está terminada, por lo cual no tiene sentido hacerlo en presente. Fíjate cómo lo han hecho los autores de estos ejemplos.

Para describir a los **participantes** utilizaron el pasado:

Los entrenadores que **se presentaron** a participar voluntariamente en este trabajo pertenecen a las federaciones de fútbol andaluza y de Las Palmas.

Lo mismo para describir los **materiales**:

Se utilizó el cuestionario CPRD-EF (cuestionario Psicológico de Rendimiento Deportivo para Entrenadores de Fútbol), que es una adaptación del cuestionario CPRD.

Ojo: para describir el cuestionario tiene más sentido utilizar el **presente**. Y es lo que han hecho los autores de este ejemplo:

Este cuestionario **está compuesto** por 55 cuestiones, que **se agrupan** en 5 factores: control del estrés…

Pero vuelven a utilizar el pasado para describir **cómo se utilizó este cuestionario**:

Este cuestionario **se respondió** en un cuadernillo, mediante un tipo de respuesta de 5 alternativas (nada, poco, regular, bastante, mucho).

El ejemplo proviene del artículo «Características psicológicas de los entrenadores de fútbol», de José Antonio Ruiz Caballero, Estrella Brito Ojeda, José Manuel Izquierdo Ramírez. En *Experiencias en psicología del deporte*, de José María Buceta.

Pillas la idea, ¿verdad?

Resultados

Los resultados es otro apartado en el que se emplean **tanto el pasado como el presente**. La mayor parte se escribe en pasado. Tiene su lógica ya que se trata de describir tus resultados, o sea, algo que has obtenido (o no) en tu investigación que ya está hecha. Sería absurdo utilizar el presente.

Ahora, puesto que en este apartado se suele incluir tablas y figuras para resumir los resultados más significativos, para comentar los datos recogidos en ellas debes utilizar el **presente**. Mira estos ejemplos.

Para **describir los resultados** utiliza el pasado:

La intervención conductual realizada, en términos generales, **resultó** positiva, pero con importantes diferencias entre los entrenadores. Así, 3 de los 4 entrenadores **otorgaron** entre un 12 % y un 18 % más de refuerzos ante los aciertos de sus jugadores después de la intervención.

El ejemplo proviene del artículo «Intervenciones psicológicas con entrenadores en la iniciación deportiva», de Jaume Cruz Feliu. En *Experiencias en psicología del deporte*, de José María Buceta.

Pero cuando hagas referencia a los **datos recogidos en las tablas o figuras**, emplea el presente:

Como se observa, los resultados de los entrenadores de las categorías División de Honor y Preferente en el cuestionario CPRD-EF **parecen** mostrar un funcionamiento psicológico algo mejor que los entrenadores de Primera y Segunda.

El ejemplo proviene del artículo «Características psicológicas de los entrenadores de fútbol», de José Antonio Ruiz Caballero, Estrella Brito Ojeda, José Manuel Izquierdo Ramírez. En *Experiencias en psicología del deporte*, de José María Buceta.

Discusión

En la discusión comparas tus resultados con los resultados de otros investigadores de tu campo. Lo haces para mostrar en qué se diferencian los resultados que has obtenido tú de los que han obtenido ellos. ¿Los apoyan, los refutan, aportan algo nuevo? Para dar respuesta a todas estas preguntas utiliza el **presente**. Por ejemplo:

Nuestros resultados **concuerdan** con investigaciones previas (Roca, Presentación-Herrero, Miranda-Casas, & Ortiz-Sánchez, 2014; Vélez-Van-Meerbeke et al., 2013; Skogli et al., 2014), en las cuales se reportó que los niños y adolescentes con TDAH **presentan** déficits en el control inhibitorio y en la monitorización.

El ejemplo proviene del artículo «Control inhibitorio y monitorización en población infantil con TDAH», de Carlos Ramos-Galarza, Claudia Pérez-Salas. Doi: http://dx.doi.org/10.12804/revistas.urosario.edu.co/apl/a.4195

Conclusiones

Por último, las conclusiones también se escriben en **presente** (recuerda que debes emplear el mismo tiempo verbal cuando incluyas las conclusiones más significativas en el resumen).

Como ya hemos dicho, en las conclusiones se trata de dar respuesta a tu hipótesis. Te voy a poner un ejemplo.

Así la autora describe el objetivo de su estudio:

El objetivo principal de este estudio fue analizar el grado de adecuación de un menú seleccionado por familiares de pacientes con TCA a un patrón dietético equilibrado y comprobar el porcentaje de contribución dietética para una persona sana en relación a su edad, sexo, peso, talla y actividad física.

Por lo que **empieza las conclusiones dando respuesta** a este objetivo:

La elección dietética de los familiares de pacientes con TCA **resulta** ser inadecuada respecto a un modelo de alimentación saludable, recomendado para la población general.

El ejemplo proviene del artículo «Elección dietética de familiares de pacientes con trastornos de la conducta alimentaria», de Inmaculada Ruiz Prieto. *Trastornos de la Conducta Alimentaria* 13 (2011), 1384-1415.

Si te fijas, lo hace **en presente**.

Qué tipo de lenguaje es el adecuado

Con el lenguaje me refiero a **qué persona verbal utilizar en tu TFG**: ¿*nosotros, yo* o algo más impersonal? Como puedes ver, en los ejemplos anteriores unos autores utilizan *nosotros*, otros prefieren la forma impersonal.

¿Qué forma es mejor o la más recomendada? No hay una única respuesta válida porque en cada guía encontrarás información diferente. Unos dicen que puedes utilizar *nosotros* y otros que *yo* y *nosotros* están terminantemente prohibidos y debes escribir en forma impersonal. Eso sí, todos suelen coincidir en que evites escribir en primera persona del singular (*yo*), al menos que hagas una revisión crítica. Es decir, **no deberías escribir**:

- El objetivo de mi estudio es...
- Mi investigación toma en cuenta...
- Para la investigación he utilizado...
- Realicé dos sesiones para la administración de las pruebas.
- Soy consciente de que otros autores...

Sino **emplear la forma impersonal**:

- El objetivo del presente estudio es...
- Esta investigación toma en cuenta...
- Para la investigación se ha utilizado...
- Se realizaron dos sesiones para la administración de las pruebas.
- Cabe señalar que otros autores...

O **utilizar el plural *nosotros***:

- El objetivo de nuestro estudio es...
- Nuestra investigación toma en cuenta...
- Para la investigación hemos utilizado...
- Realizamos dos sesiones para la administración de las pruebas.

- Somos conscientes de que otros autores...

Por esto, antes de decidir qué persona verbal vas a emplear en tu TFG, te recomiendo que consultes la guía de tu centro. Si quieres saber mi opinión (o en tu guía no encuentras nada al respecto), la forma impersonal es la opción más segura. Si la utilizas, nunca te dirán que tu TFG está mal escrito.

En cuanto a *nosotros*, me parece bien emplearlo si de verdad has hecho el trabajo en grupo (que no es muy frecuente en un TFG). Pero personalmente creo que si lo has hecho tú solo, decir *nosotros* queda un poco cursi. De todas formas, es mi opinión personal, así que si en tu guía te permiten utilizar *nosotros* y a ti te gusta, adelante.

Ahora, elijas la opción que elijas, **sé coherente**. Es decir, no escribas unos fragmentos en forma impersonal y otros empleando *nosotros*. En todo el TFG utiliza **siempre la misma persona verbal**. No las mezcles.

Capítulo 30: 10 consejos prácticos para redactar el TFG de forma clara, ordenada y precisa

Cuando presentas tu TFG, tu tutor tiene en cuenta varias cosas a la hora de valorar tu trabajo. Está claro que importa el objetivo de tu investigación, el marco teórico o que sepas citar correctamente. Pero igual de importante es la forma en la que presentas tus ideas (vamos, cómo está escrito tu trabajo). Debes demostrar que sabes comunicar los resultados de tu investigación de forma clara y precisa. Si tu tema es bueno, pero lo presentas de forma desordenada y confusa, no se entienden tus argumentos ni lo que quieres decir, vas muy pero muy mal.

A diferencia de lo que piensa mucha gente, yo creo firmemente en que escribir bien no es cuestión de talento innato que uno adquiere de forma sobrenatural. Eso sí, aprender a escribir bien exige tiempo y práctica. Hay personas que necesitan más tiempo y más práctica y las que lo necesitan menos, pero **todos podemos aprender a escribir bien**.

Está claro que no es lo mismo escribir una novela de ficción que un trabajo de investigación (aunque creo que en ambos casos la destreza a la hora de escribir es cuestión de práctica). ¿Qué significa escribir bien cuando hablamos de un trabajo de fin de grado? Pues sobre todo **mostrar tus ideas de manera clara, metódica y ordenada**. Para hacerlo necesitas dos cosas: (1) **tener claro qué quieres decir y** (2) **decidir cómo hacerlo.**

No te pongas a escribir antes de tener claras estas dos cosas. Para eso te sirve la etapa anterior en la que planificas tu trabajo y de la que hablamos en detalle unas cuantas páginas atrás.

Cuando ya tengas pensada la estructura de tu trabajo, puedes escribir tu primer borrador. Pero ¡ojo!, **no intentes corregir tu trabajo al mismo tiempo que lo escribes**. Si lo haces, te bloquearás. Te lo aseguro. Primero escribe, que es justo lo que tienes que hacer en esta etapa. Te ocuparás de corregirlo en la etapa siguiente, pero para eso necesitas más tiempo, así que no lo dejes todo a última hora porque en vez de un trabajo de investigación en condiciones te saldrá un churro.

Bueno, como hemos dicho, debes presentar tus ideas de forma clara, precisa y ordenada. ¿Cómo conseguirlo? **Pregúntate si tus frases son fáciles de entender y si se leen bien.**

Mucha gente piensa que la escritura académica tiene que ser complicada y que si nadie entiende qué quieres decir, mejor porque significa que lo has expuesto de forma muy culta. Pensar así es un error. **Tu trabajo debería ser fácil y agradable de leer.** Está claro que debes escoger un lenguaje apropiado al lector y al tema. En el caso de un TFG tus lectores (o sea, tu tutor) saben mucho de la temática de la que vas a hablar. Seguramente más que tú. Por eso no hace falta que les expliques todo como si fueran niños de parvulitos. Pero aun así tu redacción debe ser clara, precisa y sintética. Debe tener un hilo conductor que da sentido a todo el trabajo. Tienes que ordenar todos los datos de forma lógica, definir los objetivos de tu trabajo y seleccionar la información relevante para estos objetivos.

Muy bien. Ya sabes que tienes que presentar tus ideas de forma clara y ordenada, pero ¿cómo hacerlo? ¿Cómo escribir para que tu escritura refleje este pensamiento lógico y se lea de forma fácil y agradable? Vamos allá.

1. Utiliza un lenguaje específico

En un trabajo de investigación no puede haber ambigüedades. Por supuesto es imposible eliminarlas del todo, pero al menos debes estar seguro de que cada término que utilizas significa exactamente lo que se supone que debería significar. Es decir, que el lector de tu trabajo entiende por este término lo mismo que entiendes tú. Si todavía no tienes experiencia en redactar trabajos de investigación, es muy probable que seas impreciso con la terminología, por eso debes prestarle especial atención. Te lo explico.

Imagínate que haces un estudio lingüístico en el que hablas de préstamos. Pues los estudiosos de este campo suelen distinguir (entre otros) entre préstamos y extranjerismos. Entienden por préstamos palabras que el idioma ha asimilado del todo, pero denominan extranjerismos las palabras que por su grafía o pronunciación todavía se sienten claramente ajenas (un ejemplo de préstamo sería *adobe*, palabra que el castellano tomó del árabe hace tanto tiempo que hoy nadie se acuerda de su origen, mientras que extranjerismos serían palabras como *marketing*, *web*, *chat*, etc.).

A un investigador novato hacer estas distinciones puede parecer ser tiquis o buscar tres pies al gato. Bueno, pues en un trabajo científico debes ser tiquis o, mejor dicho, preciso y tener en cuenta estos matices si no quieres que el resto de la comunidad científica se te eche encima.

Un lenguaje específico no se limita solo a la terminología principal de tu estudio. Ser concreto implica evitar expresiones como:

- Cada participante rellenó varios cuestionarios. (¿Qué cuestionarios?)

- Algunos estudios señalan que... (¿Qué estudios?)
- Varias teorías apoyan esta hipótesis. (¿Qué teorías?)
- Muchos investigadores han demostrado que... (¿Qué investigadores?)
- Numerosos autores postulan... (¿Qué autores?)

2. Repite la misma palabra o expresión las veces que haga falta

Seguro que estás sorprendido por este consejo porque en las clases de lengua siempre te decían que repetir muchas veces la misma palabra era un delito de la redacción. Bueno, en un texto narrativo puede resultar tedioso e indicar cierta pobreza léxica, pero cuando hablamos de redacción científica, la cosa cambia. La función de un texto científico no es entretenimiento sino precisión, así que repetir la misma palabra significa ser coherente y específico.

En el ejemplo de los préstamos lingüísticos hablamos de la importancia de ser preciso con la terminología. En tu TFG *préstamo* significa una cosa, mientras que *extranjerismo* otra ligeramente distinta, por lo cual no puedes utilizarlos sin más como sinónimos.

Tienes que ser coherente y no puedes confundir a tu lector. A pesar de lo que te hayan metido en la cabeza en el instituto, cuando redactes un texto científico, **repite el mismo término a lo largo de todo el trabajo**. No importa cuántas veces tengas que utilizarlo.

Ante todo debes ser preciso, de modo que si hablas de préstamo, denomínalo préstamo y no extranjerismo, calco, adaptación o cualquier otro sinónimo que cause una confusión total.

3. Sé objetivo

Un trabajo científico se basa en hechos y no en las impresiones subjetivas de su autor. Por tanto tu escrito debe reflejar la realidad de forma más objetiva posible y tu actitud a la hora de describirla tiene que ser imparcial.

Cuando redactes tu TFG, procura que en el texto no se filtren tus emociones, predilección por ciertas teorías, opiniones subjetivas ni juicios tajantes. Mira estos ejemplos:

- *Es absurdo sostener que...* Mejor: *No parece acertado sostener que...*
- *Una propuesta mejor es considerar que...* Mejor: *Una propuesta alternativa es considerar que...*
- *Sería estúpido afirmar que...* Mejor: *Sería imprudente afirmar que...*
- *Es evidente que...* Mejor: *Parece evidente que...*
- *Este enfoque es incorrecto.* Mejor: *Este enfoque no parece acertado dado que...*
- *Lo peor de este planteamiento es...* Mejor: *El problema de este planteamiento reside en...*

Como ves, **se trata de ser lo más imparcial posible y evitar tajantes juicios de valor** sobre los estudios de otros investigadores.

4. Usa la voz activa

Me imagino que sabes muy bien cuál es la diferencia entre la voz activa y la pasiva, pero por si acaso aclaro:

Pepe limpió el baño (voz activa)

El baño fue limpiado por Pepe (voz pasiva)

Vale, pues tu mensaje queda más claro si utilizas la voz pasiva. En cambio, si abusas de la voz pasiva, tu texto adquiere un ritmo lento y pesado.

La única parte de tu trabajo en la que puedes dar rienda suelta a la voz pasiva es en la que describes los materiales y métodos utilizados en la investigación. ¿Por qué? Porque allí decir qué y cómo se ha hecho es más importante que quién lo ha hecho. Pero incluso en esta parte sé prudente y no te pases.

5. «Poda» las frases largas

Las frases largas, si no están bien construidas, «oscurecen» tu escrito. Vamos, que te lías y no te entiende ni Peter.

Sobre todo si eres un investigador novato, te será más fácil escribir si utilizas frases cortas y un orden determinado que es: sujeto + verbo + complementos. Es el orden más sencillo, pero a la vez el más racional.

Por ejemplo, la frase *Un rasgo de la lengua hablada es la espontaneidad* se entiende mejor si la transformas en *La espontaneidad es un rasgo de la lengua hablada*.

Ahora, tampoco caigas en otro extremo. Te aconsejo que en tu trabajo predominen las frases cortas y el orden sencillo, no que lo redactes como si fuera un telegrama. Para evitar un estilo muy monótono y aburrido, varía la longitud de las frases y el orden de sus elementos.

No obstante, si te lías y lo que quieres transmitir no queda claro, vuelve a leer el fragmento problemático. Si ves que es una frase muy larga, «pódala»; a lo mejor hay incisos que puedes quitar. Si el mensaje sigue igual de confuso, prueba cambiar el orden de las palabras por: sujeto + verbo + complementos.

6. No te pases con los adverbios terminados en *-mente*

Ya sé que suenan muy formales y parece que le dan a tu trabajo un toque culto. Pero, créeme, en realidad son palabras muy largas que recargan tu texto y lo hacen bastante pesado a la hora de leerlo.

No es que no puedas utilizar ningún adverbio terminado en *-mente*, pero no abuses de ellos. Sobre todo evita ponerlos al principio de la frase. Para que tu estilo sea más dinámico, sustituye algunos por los adverbios más vivos y breves. Por ejemplo:

- ahora (en vez de *actualmente*),
- con claridad (en vez de *claramente*),
- sobre todo (en vez de *principalmente*),
- demasiado (en vez de *excesivamente*)
- para terminar (en vez de *finalmente*)
- quizá (en vez de *probablemente*)
- hace poco (en vez de *últimamente*)

7. Evita las negaciones

Las frases negativas se entienden peor porque tu cerebro necesita más tiempo para procesarlas y pillar su verdadero significado. ¿No me crees? Lee estas dos frases:

1. No sabía que los bancos no abrieran por las tardes.
2. Creía que los bancos abrían por las tardes.

¿Cuál se entiende mejor a la primera? Espero que digas que la segunda, ja, ja. La primera frase (que es la frase negativa) requiere más atención, es más liosa. En cambio, la segunda (que está formulada en positivo) es más clara. Si te topas con un fragmento lioso en tu trabajo, comprueba si las frases están formuladas en negativo o en positivo.

8. No abuses de los gerundios

Igual que los adverbios terminados en *-mente*, los gerundios cargan la frase y dan a tu escrito un gustillo un tanto rancio (cuando abusas de ellos, claro, no es que tengas que eliminarlos todos).

9. Usa palabras cortas y sencillas

Cuando se trata de redacción científica, de verdad **menos es más**. Ya sé que quieres impresionar a tu tutor (o tutora) y a lo mejor piensas que si utilizas palabras rebuscadas (de las que no entiende ni Dios), demostrarás que eres una persona muy culta y entendida en la materia.

Pues no.

Estas palabras solo entorpecen la lectura de tu texto y lo cargan mucho. Además, si no las conoces bien, corres el riesgo de utilizarlas de forma incorrecta con lo que no vas a parecer una persona culta sino imbécil.

Ahora bien, no es lo mimo utilizar palabras «raras» que un vocabulario profesional propio de tu campo de estudio. No los confundas. Que manejes la jerga profesional es recomendable. Pero **evita un lenguaje pomposo y rebuscado** cuando puedes decir lo mismo de forma más sencilla. Apuesta por la economía de la expresión ya que las palabras corrientes suelen ser más cortas y facilitan la lectura de tu trabajo.

Créeme, usar cursilerías como *hacer evitación* en vez de *evitar* de verdad no hace que tu escrito sea más culto. O mira esta frase (es auténtica, cuesta creerlo, pero te lo prometo que la escribió una persona de verdad, no es mi invención):

No permanecer de forma prolongada en bipedestación.

Que viene a ser lo mismo que: No estar mucho tiempo de pie.
¿Cuál, según tú, se entiende mejor?

10. Conecta las ideas

Es el consejo más importante de todos. Tu trabajo se verá claro
y ordenado (y además se leerá muy bien) si conectas todas las
ideas. Es decir, en vez de saltar de concepto a concepto, debes
organizar las frases, los párrafos y los apartados de tal forma que
se vea claro que una idea surge de la otra, están relacionadas y
ordenadas de forma lógica. Lee este fragmento:

*La escritura no es un invento capaz de cambiar la mentali-
dad humana y la organización social de un día para otro. Puede
pensarse que solo gracias al nacimiento del alfabeto y de su
arraigamiento en la cultura, la sociedad ha podido desarrollar
una estructura basada en el nuevo código de comunicación. Este
planteamiento será refutado por otros autores.*

Y ahora este:

*Parece evidente que la escritura no es un invento capaz de
cambiar la mentalidad humana y la organización social de un
día para otro, sin embargo, considerando lo anterior, puede
pensarse que solo gracias al nacimiento del alfabeto y de su
arraigamiento en la cultura, la sociedad ha podido desarrollar
una estructura basada en el nuevo código de comunicación.
Como se verá más adelante, este planteamiento será refutado
por otros autores.*

¿Cuál te parece mejor estructurado? ¿Cuál se lee mejor y se
entiende con más claridad? El segundo, ¿verdad? La información esencial es exactamente la misma, pero el segundo fragmento se ve más claro y ordenado gracias a los marcadores

textuales (*sin embargo, considerando lo anterior o como se verá más adelante*).

Los marcadores textuales son esenciales para estructurar el texto y las ideas. Sirven para establecer orden y relación entre frases, párrafos o apartados y para conectar las ideas entre sí. No abuses de ellos, pero úsalos porque de verdad hacen que tu texto sea mucho más comprensible.

Para terminar te dejo una lista con algunas ideas para estructurar tu redacción.

Iniciar un tema nuevo:
- Una primera consideración al tratar de… tiene que ver con…
- Para empezar…
- Por lo que concierne al…
- Las actuales tendencias de investigación han ido proponiendo…
- Tradicionalmente se ha entendido que…
- X ha recibido atención teórica desde…
- En este trabajo se pretende abordar el problema de… partiendo de…

Adelantar:
- Como se verá a continuación…
- A esto se volverá, ilustrándolo, más adelante.
- La solución a este problema aparecerá más adelante…
- Se hablará de…
- La cuestión que se abordará en este capítulo es…

Volver a mencionar:
- Como se ha señalado ya de forma muy breve…
- Como se ha repetido en algunas ocasiones…

- Como se indicaba líneas arriba…
- Al igual que en las obras mencionadas anteriormente…
- Ya se ha dicho que…
- Ya se ha aludido al…
- Como se ha mencionado más arriba…
- Como se ha señalado anteriormente…

Marcar orden:
- En la primera parte se presentará brevemente…
- En la segunda parte se defenderá que…
- Para finalizar, en la tercera parte, se retomarán las consideraciones críticas acerca de…
- En primer lugar…
- En segundo lugar…
- En cuanto a la primera…
- Y con respecto a la segunda…

Distinguir:
- Una propuesta alternativa es considerar que…
- Pero no cabe hablar de…, sino más bien de…
- Aún hay otro modo de enfocar el asunto…
- En lugar de concebirlo como…, se puede ver como…
- Para unos…, mientras que para otros…
- Partiendo de esta distinción se hablará de…
- En lo que respecta a…, otra posibilidad es…

Enfatizar:
- Habría que insistir en…
- La idea central de este nuevo tipo de consideraciones es…
- Se concederá mayor atención a…
- Puede resultar de trascendencia el hecho de que…

- La pregunta fundamental que hay que formularse es...
- Parece evidente que...
- Un aspecto interesante y significativo es...
- Estas observaciones ponen de relieve la importancia de...
- Esto es especialmente cierto en lo que respecta a...
- Aquí está el punto crucial:...
- El problema fundamental radica en...
- Es de subrayar que...
- Esta pregunta es especialmente pertinente si se considera que...
- Conviene destacar aquí que...
- Parece crucial subrayar que...
- Este dato tiene una importancia que va más allá de...
- Uno de los problemas fundamentales de... reside en...
- Es importante tener presente que...
- Es de notar que...
- Es necesario tomar en consideración que...

Mostrar ejemplos:
- Otra muestra de... se puede ver en...
- Por poner un ejemplo...
- El ejemplo más relevante es...
- Algo similar ocurre con...
- Lo mismo se puede observar en...
- Para demostrar... se tomará como ejemplo...
- De menara similar...
- Dicho en otros términos...
- Los ejemplos anteriores indican que...
- Uno de los ejemplos más notables lo ofrece...
- Un ejemplo representativo sería...
- Uno de los ejemplos de... es...
- Ejemplos indiscutibles los proporcionan...

Hablar de definiciones:

- Pepito elabora una definición de... en los siguientes términos:...
- Las definiciones ponen énfasis en...
- Delimitar el concepto de... exige ponerlo en relación con otros términos...
- De acuerdo con esta definición...
- Se entiende... como...
- Buena parte de los especialistas en el ámbito de... han establecido clasificaciones atendiendo a...
- Bajo el término de... se agrupan...
- Términos como... se han venido utilizando de forma desigual y confusa. Por ello, es esencial definir...
- Pepito emplea el término... para hablar de...
- Por... Pepito entiende...
- A Pepito se debe el término de...
- Si se atiende a las definiciones acerca de..., rara vez se ha diferenciado entre...
- Se han propuesto definiciones generales de... que tratan de englobar...
- Un análisis minucioso de estas definiciones induce a pensar que...
- Pepito ofrece una definición de... como...
- El concepto de..., según Pepito, está relacionado con...
- Adoptando las propuestas de Pepito, se definirá... de la siguiente manera...

Concluir:

- A la luz de las consideraciones hechas hasta aquí...
- Las páginas precedentes muestran que...
- Con todo...

- Se he llegado a la conclusión de que...
- Por último...
- Con arreglo a todo lo anterior...
- Es lícito concluir que...
- Es posible sostener entonces que...
- Analizando..., se puede concluir que...
- El resultado de todo ello podría advertirse como...
- Generalizando estas conclusiones, se puede afirmar que...
- Cabe resumir lo planteado hasta ahora sobre... destacando que...
- En suma...

Indicar causa:
- Aún resta explicar por qué...
- Esto explica quizás que...
- Tal vez se deba a que...
- A este último hecho hay que atribuir...
- La principal razón de esto al parecer se encuentra en...
- Esta última razón es seguramente la que justifica...
- Teniendo en cuenta estas observaciones, cabe afirmar que...
- Considerando estos problemas teóricos, parece razonable...
- Dado que...
- Puesto que..., se puede deducir que...
- Por estas razones, en lugar de..., se ha preferido decantar por...

Indicar consecuencia:
- De ahí que...
- Por lo tanto...
- Todo ello ha hecho necesario...
- No sorprende por ello que...
- De ello se deduce que...

- Como consecuencia de esta investigación, los autores postulan…
- De ello se deduce entonces que…
- Por estos motivos, es razonable sostener que…
- Con arreglo a todo esto…
- Todo indica que…
- Esto explica que…
- Así es cómo se explica que…
- Por ello se puede decir que…
- Parece ser, por lo tanto, que…
- Lo que se sostiene, por consiguiente, es…
- Por este motivo…
- Por todas estas razones…
- Por todo esto…
- De modo que…

Indicar finalidad:
- Para demostrar… la argumentación se basará en…
- Con el objetivo de ampliar el horizonte de la investigación, hemos preferido decantarnos por…
- Con el fin de… en este trabajo se concederá mayor atención a…
- Todo lo cual resulta de vital importancia para…
- A fin de… es necesario considerar…
- A efectos de lograr…, se emplean…
- Con miras a… el estudio toma en cuenta…

Indicar oposición u objeción:
- No obstante, esta cuestión también puede ser estudiada como…
- En cualquier caso…

- Sin embargo, cabe preguntarse si…
- Si bien no es preciso decantarse por…
- Pero no cabe hablar de…, sino más bien de…
- Aunque pueda argumentarse que…
- Aun reconociendo que…
- De todas formas, conviene recordar que…
- Si bien es cierto que…
- Ahora bien, hay que recordar que…
- A pesar de esta opinión, conviene señalar que…
- A pesar de ello, es necesario tomar en consideración que…
- En lo que respecta a…, otra posibilidad es que…
- Una propuesta alternativa es considerar que…
- Pero aún hay otro modo de enfocar el asunto…
- A pesar de estas dificultades, en este trabajo se pretende…
- En lugar de concebirlo como…, se puede ver como…

Capítulo 31: Qué es el plagio y cómo evitarlo en tu TFG

Todos más o menos sabemos qué significa plagiar: copiar una obra (o parte de esta obra) de otro y decir que es tuya. Por obra entiende libros, trabajos académicos, música, partituras, imágenes, escenografías, coreografías, dibujos, pinturas, películas, etc.

No voy a hablarte qué es o no es plagio en términos legales porque no soy experta en derecho. De todas formas me imagino que tu intención no es convertirte en un piratilla académico que quiere saber hasta qué punto puede hacer sus chanchullos sin que acabe en el trullo, sino saber cómo hacer tu trabajo bien y evitar el plagio involuntario. Pues a la hora de escribir tu TFG, plagiar significa no solo copiar y pegar fragmentos de trabajos de otros, sino también no reconocer la autoría de ideas o conceptos que no has elaborado tú.

Es plagio cuando:
- Robas las ideas de otros y las presentas como tuyas.
- Copias el trabajo de otro y lo presentas como tuyo.
- Citas una definición elaborada por otra persona y no reconoces su autoría.
- Reproduces palabras de otros sin indicar correctamente su autoría.
- Presentas teorías de otros como si fueran tuyas.
- Incluyes datos estadísticos, gráficos o diagramas elaborados por otros omitiendo el autor y la fuente.
- A la hora de parafrasear cambias algunas palabras o su orden sin indicar el autor original de la cita.

- Robas directamente el trabajo de otro.
No es plagio cuando:
- Expresas tus propias ideas.
- Presentas una compilación de otras investigaciones indicando qué investigación pertenece a quién.
- Defines un concepto con tus propias palabras.
- Citas palabras dichas o escritas por otros o ejemplos elaborados por otras personas indicando el autor.
- Comentas teorías elaboradas por otros e indicas el autor de cada una de ellas.
- Incluyes datos estadísticos, gráficos o diagramas que has elaborado tú o indicando el autor y la fuente.
- Resumes con tus propias palabras las ideas o investigaciones de otros e indicas su autor.
- Te inspiras en una idea o un tema, pero los desarrollas por tu cuenta y a tu manera.

Como ves, todo se reduce a que no es plagio si expresas tus propias ideas o reconoces la autoría de las que no son tuyas.

Trabajo único vs. trabajo original

Vale, entonces te preguntarás: ¿O sea, que tengo que inventarme un tema sobre el que no haya escrito nadie nunca jamás e inventar todo desde cero?

La respuesta es no. Pero ¿cómo, alma de Dios, vas a hacerlo si es tu primer trabajo de investigación, estás perdidísimo y encima tienes tres meses para escribirlo? Tranquilo. No se trata de que inventes la rueda. Tu trabajo no tiene que ser único sino original. O mejor dicho, **tiene que estar elaborado desde el principio hasta el final por ti.**

Seamos sinceros, nada es único ni completamente original, todo está inventado. Vale, no todo, pero nadie espera de ti que con tu TFG descubras América y si no, te acusará de plagio. Todos los trabajos de investigación (incluso los más innovadores y que crean precedentes y ganan los premios Nobel) surgen de otros trabajos que han existido antes. Te aseguro que cualquier trabajo académico se nutre de las influencias anteriores. Así que no tienes que ser innovador ni tu trabajo tiene que ser único. Y menos con el TFG que me imagino que es tu primer trabajo académico.

No te obsesiones con descubrir algo que todavía nadie haya descubierto. No intentes hacer las cosas desde cero. Tranquilamente puedes inspirarte en los trabajos y las teorías de otros investigadores, pero **la clave está en reconocer la autoría de ideas y conceptos que no son tuyos y de aportar tus valoraciones críticas personales**. Crea y muestra tu propia opinión sobre lo que has leído. Mientras que no repitas lo mismo que dicen los demás sin aportar ninguna reflexión crítica tuya, vas por buen camino.

Ahora bien, ¿cómo no cruzar esta delgada línea que separa la inspiración del plagio?

Plagiar vs. inspirarse

Como te he dicho, casi todo está inventado y nada viene de la nada, así que es normal que para hacer tu TFG te inspires en los trabajos de los demás y en algo que hayas leído. Pero, ¿cuál es la diferencia entre inspirarse y plagiar? ¿Cuándo la inocente inspiración se convierte en plagio? ¿Cómo detectarlo y evitarlo?

Ya hemos dicho que plagiar significa apropiarte del trabajo de otro sin reconocer su autoría y presentarlo como si fuera tuyo.

Pues inspirarse significa «tomar prestado» algo de la obra de otra persona (la idea, el tema, etc.) y transformarlo, hacerlo a tu manera y con tus palabras.

Por ejemplo, está claro que la serie *Elementary* está inspirada en los casos de Sherlock Holmes y doctor Watson, que escribió Arthur Conan Doyle. Pero los autores de la serie la han desarrollado a su manera. Aunque la influencia esté clara, han transformado tanto el argumento que no podemos hablar de plagio. Ahora, si simplemente borrasen el nombre de Conan Doyle y pusieran el suyo, no podrían decir en la nota final que se han inspirado en la historia de Sherlock Holmes. ¿Ves la diferencia?

Lo mismo pasa con los trabajos académicos. No vale borrar en el trabajo del año pasado el nombre de tu compañero y poner el tuyo ni cambiar un par de frases o el orden de las palabras.

Imagínate que encuentras un trabajo o un artículo sobre el síndrome de burnout, un tipo del estrés laboral, de estar «quemado» en el trabajo (te recuerdo que no soy psicóloga, así que esto solo va a ser un ejemplo para ilustrarte mejor cuando se trata de inspiración y no de plagio). Digamos que este artículo analiza el síndrome de burnout en el personal sanitario, por ejemplo. Entonces a ti se te ocurre que podrías hacer un trabajo sobre el mismo síndrome, pero aplicado a los deportistas de élite.

Me imagino que te valdrá la bibliografía que aparece en el artículo que has encontrado, pero solo los estudios que hablan del síndrome en general. Pues, primero, tendrás que leerlos por tu cuenta, interpretarlos por ti mismo y aportar tus propias reflexiones críticas. Y segundo, tendrás que buscar trabajos más específicos que hablen del síndrome de burnout en el deporte, ya que en realidad ese es el tema de tu trabajo. Es decir, aunque te hayas inspirado en el artículo o trabajo de otra persona, desarrollarás el tuyo por tu cuenta y con tus propias palabras.

Como ves, la diferencia entre plagiar e inspirarse consiste en que cuando plagias, haces el típico copiar-pegar, lo pones con tu nombre y listo. La inspiración, en cambio, implica un trabajo propio. Significa que te has fijado en el trabajo de otra persona, pero luego has desarrollado el tuyo con tus propios esfuerzos.

Así que está bien que para pensar el tema de tu TFG te inspires en los trabajos o artículos de otras personas porque no hace falta que inventes todo desde cero. Pero recuerda: no puedes pegar y copiar cambiando algunos detalles, el orden de las palabras o modificando ligeramente algún que otro párrafo. Tienes que desarrollar la idea por tu cuenta, con tus propias palabras, esforzándote tú mismo y aportando tus reflexiones acerca del tema y sobre la bibliografía consultada. Creo que queda claro, ¿verdad?

Tipos de plagio

Ya hemos dicho que la gente plagia por toda la cara o sin querer.

Plagio por toda la cara

Hay dos tipos de plagio por toda la cara: plagio el gran jeta y plagio tipo patchwork.

Plagio el gran jeta es el más descarado y consiste en copiar un texto ajeno palabra por palabra, frase por frase, párrafo por párrafo, sin indicar el autor original. Vamos, directamente copiar y pegar y decir que es tuyo. No hace falta que te diga que no es ético, que se trata de un vasto robo del trabajo de otra persona y que es ilegal, ¿verdad?

Plagio tipo patchwork es un TFG con retales. Es decir, no copias un solo trabajo, sino coges trozos de varios textos y vas pegando en tu TFG (palabra por palabra, frase por frase o párra-fo por párrafo) los fragmentos que te convienen, omitiendo los autores originales. Vas tejiendo tu trabajo con los textos de los demás, presentándolos como tuyos, pensando que nadie se va a dar cuenta. Tampoco hace falta que te diga que eso no mola, ¿no?

Plagio sin querer

Puedes plagiar sin querer porque citas mal o porque citas demasiado.

Si **citas mal**, el programa interpreta las citas como si fueran tus propias palabras y avisa de plagio. Eso también ocurre cuan-do intentas reproducir una cita con tus propias palabras (para-frasear), pero lo haces mal y lo que dices tú se parece demasiado a las frases originales. Entonces, aunque indiques el autor y la fuente, el programa lo detecta como plagio.

Cuando **citas demasiado** es como si hicieras «patchwork legal». Es decir, aunque indiques el autor, si tu TFG se compone solo de fragmentos de investigaciones o artículos de otros, no es un trabajo original. Y recuerda que no hace falta que tu TFG sea único, pero sí tiene que ser original. Lo tienes que escribir con tus propias palabras y tienes que aportar tus propias reflexiones críticas. Así que no puedes limitarte a recortar fragmentos de otros trabajos y citarlos en el tuyo porque no serían tus reflexio-nes. Sería como reproducir las reflexiones de otros, o sea, repetir lo mismo, al fin y al cabo.

En un TFG debes demostrar que eres capaz de pensar por ti mismo, sabes elaborar tus propios juicios, analizar los datos y elaborar conclusiones coherentes. Y no puedes demostrar todo eso haciendo «patchwork» de los trabajos de los demás (aunque acredites su autoría).

6 consejos infalibles para evitar el plagio en tu TFG

1. No seas un jeta

Desde luego es un requisito *sine qua non*. Me refiero a que si eres un jeta y tienes intención de copiar trabajos de otros, no puedes evitar el plagio en tu TFG. Si quieres hacer trampas, no me digas que te preocupa el plagio. Te preocupa que te pillen, ¿eh, piltafilla?

Vale, no es tu caso, tus intenciones son limpias y puras. Sin embargo, hay personas a las que lo único que les interesa es sacarse el TFG a costa de todo y sin reparar en unas minucias como la honestidad académica. Y ya que muy pocos trabajos académicos son tan conocidos como *Los pilares de la tierra*, muchas universidades usan programas antiplagio para pillar a la gente que copia sus trabajos directamente de Internet o usa trabajos de otros años, de otros compañeros o de otras universidades.

Bueno, pero ya que no es tu caso, te voy a decir qué puedes hacer para no cometerlo ni siquiera sin querer.

2. Aprende cómo citar

Lo primero es aprender a citar bien. Ya te he explicado que si tus citas están mal formateadas y no siguen las normas establecidas, un programa antiplagio te la liará parda. Date cuenta de que el programa antiplagio es solo eso, un programa. Él no sabe que tú no querías plagiar a nadie y muchas veces, cuando no puede detectar que se trata de una cita (y no la detecta porque la cita no está elaborada correctamente), avisa de plagio.

Existen numerosas herramientas en la web con las que supuestamente tú mismo puedes verificar el porcentaje de plagio en tu trabajo, pero nunca he usado ninguna, así que no te puedo decir si funcionan o no. Lo que sí sé es que si quieres estar seguro de no cometer plagio sin querer, debes citar correctamente.

Si citas bien, al programa le avisas: «Eh, estas palabras no son mías, pero, ¿ves?, yo no me quiero apropiar de ellas, es una cita, reconozco que no son mías». Sin embargo, cuando no sabes avisarle (es decir, volvemos a lo mismo: las citas están mal indicadas), te monta el tinglado y tu tutor te dice que te ha salido plagio.

Hay muchas normas para citar. Las más populares son las normas APA (utilizadas en ciencias sociales) y las normas Vancouver (más populares en el ámbito de ciencias de la salud). Pero también puedes elaborar tus citas según el estilo Chicago, Harvard, MLA y unos cuantos más, así que consulta la guía de elaboración del TFG de tu centro para saber qué normas debes seguir. En Internet encontrarás un montón de información sobre cómo citar según cada estilo (yo en un futuro no muy lejano publicaré otro ebook en el que explicaré con detalles cómo citar según las normas APA).

Sean como sean las normas que debas aplicar e independientemente de si citas un fragmento tal cual o lo repites con tus propias palabras, siempre tienes que indicar quién (el autor) cuándo (el año) dijo qué (la cita). Para hacerlo necesitas tres datos:

1. la cita en sí,
2. el autor,
3. el año de publicación.

Si tu cita es literal, debes indicar dónde, en el texto original, está exactamente el fragmento que citas y para eso necesitarás un cuarto elemento: el número de página. En un principio si repites una cita con tus propias palabras, no necesitas poner el número de página, aunque sí puedes incluirlo si consideras relevante especificar dónde en el texto original está el fragmento que parafraseas.

En fin, si de verdad no te apropias del trabajo de otros, no haces el típico copia-pega y citas bien, puedes estar tranquilo porque te aseguro que no hay opción a que cometas plagio. Bueno, por si acaso no voy a ser tan tajante, por si luego pasan cosas raras que no tienen explicación ninguna, te sale algo de plagio y me dirás que te he mentido. Pero, vamos, no debería salirte plagio si haces las cosas bien. En serio.

3. Aprende qué citar

Una cosa es saber qué formato es el adecuado para una cita y otra es saber qué tipo de información la requiere y cuál no.

Cuando vas a copiar una cita directa o cuando lees algo y luego quieres reproducirlo con tus propias palabras, queda claro que debes poner una cita. También cuando aportas datos, números, resultados de investigaciones o afirmaciones sobre algún tema, estaría bien aportar nombres y trabajos que los apoyen.

Pero hay información que no hace falta respaldar con citas. Se trata del llamado conocimiento común o público. Como su nombre indica, el conocimiento común es conocido por todos. Se trata de información que puedes encontrar en cualquier enciclopedia. Son constataciones como, por ejemplo:

- La Tierra es redonda.
- Cristóbal Colón descubrió América en el año 1492.
- Alexander Fleming descubrió la penicilina.
- El Sol sale por el este y se pone por el oeste.

Para cosas así no hace falta incluir una cita porque son hechos conocidos por todos, por lo cual no necesitas demostrar que hay gente que lo ha verificado. Digamos que en estos casos todos dan por cierta esta información y no hace falta que pongas de dónde la has sacado. Entonces ¿qué hacer con la información sacada de Internet de páginas que no tienen autor?

Muchos te dirán que en Internet solo hay basura, pero lo cierto es que también hay mucha información muy valiosa (aunque tienes que saber dónde buscarla). El problema con Internet es otro y es que algunos piensan que lo que encuentran allí es un contenido listo para copiar y pegar en su trabajo. A veces no hay autores definidos, las páginas son públicas, todo el mundo puede acceder a la información y parece que todo el contenido bajo la licencia Creative Commons te dice: «Copia y pega, para eso estoy». Y eso no es así.

Necesitas indicar la autoría de cualquier tipo de contenido que saques de Internet. Sobre todo ojito con las imágenes. Que las encuentres por Google no significa que no tengan derechos de autor y que puedas utilizarlas como si fueran tuyas. Ni siquiera la licencia Creative Commons te da derecho a apropiarte del contenido protegido por ella (hay varios tipos de licencias Creative Commons, pero no voy a explicarte cuál es la diferencia entre ellas porque no es el tema de este apartado). Así que siempre, siempre, pero que siempre, tienes que indicar el autor del contenido que coges de Internet.

4. Aprende cuándo citar

Además de saber cómo citar y qué tipo de información requiere una cita, debes tener claro cuándo hay que citar.

Me imagino que no tienes dudas con las citas directas y sabes que cuando copias un fragmento tal cual, siempre debes indicar el autor y el año. Sin embargo, las citas indirectas suelen traer más comederos de cabeza y a veces uno ya no sabe si hay que incluir una cita o no.

Para facilitarte un poco la tarea, te explicaré a qué pasajes debes prestar especial atención porque probablemente tendrás que incluir una cita. Además, te voy a enseñar algunos trucos para que sepas cuándo indicar el autor y el año de publicación o avalar tus ideas con otras investigaciones. Los casos que te describiré a continuación son tu alarma «¡ojo, se necesita cita!». Es casi seguro que necesites citar si:

- escribes el nombre de algún autor;
- comentas trabajos, investigaciones, etc.;
- aportas definiciones;
- aportas datos o números;
- utilizas palabras poco precisas.

A continuación te hablaré un poco más sobre cada uno de estos casos.

Cuando escribes el nombre de algún autor

Cuando mencionas a alguien en tu trabajo, es muy probable que es para comentar su trabajo, artículo, libro, investigación, experimento, qué sé yo, y esta información es un claro indicio de cita indirecta. Me refiero a frases como:

- El hecho de que... fue observado por Pepito.
- Según Pepito...
- Para algunos autores como Pepito...
- Pepito ha sido uno de los investigadores que más interés ha concedido al problema de...
- Una de las principales aportaciones de Pepito ha sido...
- En un artículo reciente titulado... Pepito habla de...

En todos estos ejemplos conviene indicar que se trata de una cita indirecta. Si, por ejemplo, sigues el estilo APA, deberías incluir entre paréntesis el año de publicación del trabajo en el que Pepito habla de lo que tú comentas en el tuyo. De modo que la frase quedaría así:

Según Pepito (2013) APA es un rollo.

¿Y para qué sirve esta cita? Porque tienes que aportar una prueba de que no pones en boca de Pepito algo que no dijo. Si pones la cita, el lector de tu TFG podrá consultar el trabajo de Pepito al que haces referencia y comprobar que, efectivamente, Pepito dijo eso. Así que presta mucha atención cada vez que en tu trabajo nombres a alguien porque probablemente debas incluir una cita.

Cuando comentas trabajos, investigaciones, etc.

Cuando menciones en tu TFG trabajos de otras personas, sus artículos, libros, investigaciones, experimentos, etc., necesitas reconocer su autoría. Así que ojito con las frases tipo:

- Estos estudios parecen sugerir que…
- Sus teorías han resultado decisivas en…
- El trabajo de Pepito revela algo crucial…
- Los trabajos de Fulanito postulan…
- Estas investigaciones han recogido la idea de…

En todos estos ejemplos deberías indicar de qué trabajos se trata exactamente y para hacerlo necesitas una cita. Un ejemplo del estilo APA sería:

Las teorías de Pepito (2015) han resultado decisivas en el estudio de la oralidad.

Esta cita te permite aportar una prueba por si el lector de tu TFG quiere comprobar si el trabajo que has citado de verdad dice lo que afirmas tú que dice.

Cuando aportas definiciones

Si incluyes en tu trabajo una definición de algún concepto elaborada por un autor en concreto, debes reconocer su autoría ya que esta definición no es tuya. Aunque no la copies frase por frase, sino que la resumas con tus propias palabras, tú no eres el autor de esta definición. Así que presta especial atención cada vez que en tu trabajo definas algún concepto y utilices una definición de otro autor. Ten cuidado con las frases como:

- [El concepto que quieras definir] se ha entendido como…
- Algunos especialistas han establecido clasificaciones atendiendo a…
- Pepito emplea el término X para hablar de…
- El concepto de X está íntimamente relacionado con…
- Se ofrece una definición de X como…

Cuando hables de definiciones que no son tuyas, tendrás que indicar quién lo dijo. Otro ejemplo, siguiendo las normas APA (fíjate que dentro del paréntesis los autores están ordenados alfabéticamente):

Algunos especialistas (Fulanito, 2012; Menganito, 2013; Pepito, 2011) han establecido clasificaciones atendiendo a…

Cuando aportas datos o números

Cada vez que en tu trabajo incluyas datos, números o alguna información tajante, tienes que avalarlos con una cita pertinente porque si no lo haces, parecerá que te has sacado esta información de la manga. Si son datos que has recogido tú, resultados que has obtenido tú con tu investigación, entonces no hace falta que los acompañes con una cita porque eres tú quien los ha comprobado. Pero si no lo has hecho, siempre aválalos con algún trabajo que sí los ha verificado. Así que presta atención a las frases como:

- El 80 % de la población…
- 4 de cada 100 participantes…
- La escritura silábica del cherokee del siglo XIX contenía 85 signos.
- La escritura jugó un papel decisivo en el desarrollo de la modernidad.

- Las mayores bajadas del paro se dan en Valencia y Madrid.
- El empleo aumenta entre las mujeres y baja entre los hombres.

Este tipo de frases casi siempre debe ir acompañado de una cita. Te voy a poner un ejemplo que sigue el estilo APA:

El 80 % de la población no practica deporte de forma regular (Instituto Nacional de Estadística, 2015).

Has pillado la idea, ¿no?

Cuando utilizas palabras poco precisas

Al decir palabras poco precisas me refiero a las palabras como: *varios, algunos, muchos, numerosos, diversos.*

Tu TFG es un trabajo científico y en un trabajo científico todo tiene que estar claro, medido, comprobado y relativamente seguro. Así que no puedes soltar sin cita frases como:

- Cada participante recibió varios test para evaluar… (¿Qué test?)
- Algunos estudios parecen sugerir que… (¿Qué estudios?)
- Uno de estos trabajos revela algo crucial… (¿Qué trabajo?)
- Varias teorías han resultado decisivas en… (¿Qué teorías?)
- Algunos investigadores postulan… (¿Qué investigadores?)
- Numerosas autores han recogido esta idea… (¿Qué autores?)
- Se ha demostrado que… (¿Quién?)

Si las dejas tal cual, es como si dijeras: «Me suena que hay autores que dicen esto y hay teorías que demuestran aquello, pero no me apetece comprobar cuáles son exactamente. Ya si eso búscate la vida tú». ¡No puedes hacer eso! Recuerda que siempre tienes que aportar pruebas y facilitar la vida a tu lector si no te cree y quiere comprobar alguna información por su cuenta. Así que dile cuál es la fuente que avala lo que dices tú. Por ejemplo:

Algunos estudios parecen sugerir que las normas APA provocan suicidios masivos entre los estudiantes del TFG (García, 2013; Méndez, 2009; Pepito, 2015).

Espero que estos trucos te ayuden un poco cuando no sepas si debes poner una cita o no. De todas formas, si dudas, mejor ponerla. Si sobra, tu tutor te dirá que la quites y ya está, pero si es necesaria y no la pones, tu trabajo se queda «cojo».

5. Aprende a parafrasear

Saber cómo introducir las citas literales no es suficiente para evitar plagio. También tienes que saber cómo parafrasear las ideas, los trabajos o las investigaciones de otros.

Parafrasear significa describir la idea de otro con tus propias palabras, pero haciendo referencia al autor y la fuente de la que has obtenido la información.

Esta forma de citar suele traer muchos problemas porque a menudo «tus propias palabras» se parecen demasiado a la cita original. Y parafrasear no significa cambiar un par de palabras del fragmento original, sustituirlas por algún sinónimo o cambiar el orden y listo. Si en tu trabajo reproduces un fragmento de otro estudio casi con las mismas palabras y encima no aportas los datos de su autor, no estás haciendo otra cosa que plagio (aunque sea involuntario). Ahora, si haces lo mismo aportando los créditos, es una pedazo de chapuza que alucinas.

Además, te aseguro que esto se nota enseguida. No hace falta ningún programa antiplagio espacial para saber que te has copiado de otro trabajo o de otro artículo. ¿Sabes por qué? Porque tu estilo no es el mismo que el de los demás (y desde luego es muy diferente del estilo de un experto en tu campo que ha publicado un montón de artículos y trabajos). Tú estás empezando a escribir trabajos académicos y se nota muchísimo que no escribes de la misma forma que los que llevan haciéndolo años. Y es normal. Todos hemos empezado en algún momento. Pero este copiar-pegar ligeramente modificado en un trabajo de un investigador novato canta mucho. Para evitarlo cuando parafrasees, además de repetir la idea con tus propias palabras, puedes aportar tu análisis crítico.

Te voy a poner un ejemplo de una paráfrasis bien hecha y otra que es un churro. Pongamos que el texto original es este:

Detrás de los personajes campesinos de habla sencilla, se oculta el poeta Rulfo, que, conociendo profundamente el alma de su gente, sabe interpretarlos acertadamente y puede hacer, en forma verosímil, que éstos compartan su alta sensibilidad artística, su rica imaginación, sus dotes de poeta. Rulfo prueba que el lenguaje del pueblo puede ser, en manos del poeta, un instrumento tan dúctil para la expresión poética como lo es el lenguaje culto. (Gutiérrez, 1978, p. 117)

Una buena paráfrasis podría ser así:

El lenguaje es un elemento señalado y destacado por la crítica rulfiana como, por ejemplo, por Nila Gutiérrez (1978) quien observa que detrás de una aparente simplicidad lingüística se puede encontrar un complejo proceso de elaboración que convierte el discurso narrativo de la obra de Rulfo en una suerte de poética de lo oral.

Es una buena paráfrasis porque reproduces con tus propias palabras las ideas del autor original, pero sin copiar literalmente lo que dijo. Lo simplificas y añades algo «de tu propia cosecha». Para que veas a qué me refiero, a continuación te pongo el ejemplo de una mala paráfrasis:

Según Gutiérrez (1978), el poeta Rulfo conoce profundamente el alma de sus personajes campesinos de habla sencilla, sabe interpretarlos y demuestra que el lenguaje del pueblo puede ser convertido en expresión poética igual que el lenguaje culto.

Si te fijas, verás que en esta paráfrasis se utilizan casi las mismas palabras que aparecen en el fragmento original. Algunas

238

se cambian por sus sinónimos, pero estarás de acuerdo en que eso no es reproducir la cita con tus propias palabras, ¿verdad? Pues a eso me refiero cuando te digo que una paráfrasis está mal hecha.

Un truco para estar seguro de que lo haces bien es no mirar el texto original. Es decir, lee el fragmento que quieres citar, luego ciérralo y repítelo con tus propias palabras. Tu paráfrasis será perfecta si es más corta que la cita original y refleja tu estilo.

6. Cita con moderación

Está claro que necesitas apoyar tus argumentos con las citas de los expertos en tu campo, pero no te obsesiones y no pongas citas por todos los lados cubriéndote las espaldas en cada frase que escribas. No me hagas un TFG con retales. La idea es que con tu trabajo demuestres que eres capaz de pensar por ti mismo y te será muy difícil demostrarlo si te pasas con las citas.

Citar mucho (aunque lo hagas correctamente e indiques el autor) se considera un error, así que sé muy selecto con las citas literales que vas a incluir en tu TFG y parafrasea las demás. Lo ideal es que tus citas no pasen del 15 % del total de tu trabajo. Está claro que en los trabajos de literatura o de lengua en los que analizas alguna obra de algún autor en concreto (o haces una comparación de textos) vas a incluir más citas y es normal que las citas que incluyas en la parte del análisis ocupen mucho más del 15 %. Donde debes tener especial cuidado es en la parte teórica, en la presentación del estado de la cuestión. Allí selecciona todas tus citas con moderación. Cita solo aquellos fragmentos que apoyan tu hipótesis o tus argumentos.

Para no pasarte con las citas:

- No cites literalmente ideas con las que no estás de acuerdo y las que no apoyan tu hipótesis; mejor resúmelas con tus propias palabras.
- Selecciona los argumentos que necesitas apoyar con lo que han dicho otros expertos.
- No apoyes con las citas todos y cada uno de tus argumentos; puedes decir lo que piensas sin que constantemente te cubras las espaldas con lo que han dicho los gurús de tu campo.
- Antes de incluir una cita pregúntate si de verdad es necesaria y si aporta una información nueva o valiosa. Si es así, inclúyela. Si no, tranquilamente puedes prescindir de ella.

Cuando no tienes práctica con lo de las citas, cuesta pillar el truco así que no desesperes si te lías. Es normal que al principio no sepas cuándo, qué y cómo citar o cómo parafrasear bien, pero no te preocupes porque con el tiempo cogerás práctica y elaborar las citas será pan comido para ti.

Capítulo 32: 10 estrategias probadas para superar la falta de motivación y el síndrome de la página en blanco

Te has bloqueado. No hay forma de escribir ni una sola palabra. Tienes la sensación de que en vez de escribir tu TFG en el ordenador lo tienes que tallar en piedra. No tienes ganas ni de pensar en el puñetero trabajo. Te sientes cansado, desmotivado y la vida es un asco. Sé que no es fácil salir de allí, pero no te queda otra porque o escribes tu TFG ahora o el año que viene vas a estar en la misma situación y te aseguro que te vas a sentir mucho peor.

5 razones por las que te bloqueas

Primero analicemos la situación. Quieres avanzar con tu TFG, pero algo te lo impide, por alguna razón cuando te sientas delante del ordenador, te paralizas. Puede haber varias razones de tu bloqueo y yo te voy a hablar de las cinco más comunes.

1. Has elaborado una estructura demasiado general

Ya sabes que la tarea de escribir es solo una parte del tiempo total que inviertes en hacer tu TFG. En la etapa anterior te tocaba planificar tu trabajo y hacer un esquema de tu TFG. Si has hecho tus deberes a medias, ahora pasa lo que pasa.

Si la estructura de tu TFG es demasiado general, normal que no sepas qué escribir. Por ejemplo, si incluye solo puntos tan amplios como introducción, marco teórico, metodología, discusión, conclusiones, cuando te toque ponerlo por escrito, no sabrás qué poner en cada parte. Pero si los detallas más, si dentro de cada uno de ellos pones qué quieres incluir, te ayudará muchísimo ahora.

Por ejemplo, dentro de la introducción podrías incluir subapartados como presentación del trabajo y objetivos de la investigación; dentro del marco teórico la evolución del concepto de… (el asunto que te ocupa), los análisis actuales, las hipótesis, etc. Incluso podrías ser todavía más preciso y enumerar en el esquema los objetivos concretos y los estudios de los que vas a hablar en cada subapartado del marco teórico. Puedes ir organizándolos en la etapa anterior cuando te toque leer la bibliografía. Aprovecha y anota dónde en el cuerpo del trabajo te vendría bien poner cada artículo y en qué orden.

Recuerda: **cuanto más detallada sea la estructura de tu TFG, más rápido escribirás después** porque no perderás tiempo en pensar «y ahora qué pongo en este apartado». Irás a tiro hecho porque sabrás que primero te toca comentar el artículo X, luego el Y, luego el Z, etc.

2. No sabes por dónde empezar

¿En qué orden escribir el TFG? ¿Es mejor empezar por la introducción o dejarla para el final? Los expertos no están de acuerdo, pero te voy a presentar ambos puntos de vista. Elige el que mejor se adapte a tu modo de escribir o a lo que te pide tu tutor.

Unos recomiendan empezar por la introducción y reescribirla cuando se termine todo el trabajo porque dicen que esta versión provisional te servirá para ordenar las ideas y te ayudará a definir el foco de tu TFG.

Creo que es un buen consejo, sobre todo si tu TFG no sigue la clásica estructura de resumen, introducción, métodos, resultados, discusión y conclusiones. Si tu trabajo tiene una estructura más libre, empezar por la introducción te permitirá averiguar si tienes claro qué quieres hacer en tu investigación y cómo llevarla a cabo.

Además, este método te puede servir si tu tutor te pide la introducción nada más empezar con el proyecto (que suele ser lo más habitual). Si tu TFG obedece la estructura de un clásico artículo científico, pero no te queda más remedio que empezar por la introducción, no pasa nada. Entrega a tu tutor la versión provisional y vuelve a ella y revísala cuando hayas terminado de escribir todas las partes de tu TFG.

Otros investigadores, en cambio, dicen que si empiezas por la introducción te bloqueará y recomiendan escribir en el siguiente orden:

1. Tablas y figuras

No todos los trabajos las requieren, pero si vas a utilizarlas, dicen que empieces por aquí.

Se supone que en la etapa anterior has leído los materiales y has hecho los análisis, de modo que la parte práctica está terminada. Puede que quieras reunir algunos resultados en tablas o figuras. Pues empieza por esta parte. Es tan fácil como agrupar todos los datos que necesitas y meterlos en tablas o figuras que luego vas a incluir en tu trabajo.

2. Resultados

Si no vas a incluir tablas ni figuras en tu TFG, empieza por describir los resultados. Te será fácil empezar por esta parte porque se trata de explicar qué muestra tu investigación y qué has descubierto.

3. Materiales y métodos

Una vez que hayas presentado los resultados, explicar cómo has llevado a cabo el análisis no debería suponer ningún problema. Así que describe paso a paso cómo has analizado tu objeto de estudio, qué materiales has utilizado y en qué método (o métodos) te has basado.

4. Introducción

Los defensores de este orden recomiendan escribir la introducción después de haber descrito los resultados y explicar los materiales y métodos utilizados en tu investigación.

Ahora te será más fácil presentar el objetivo y la hipótesis de tu trabajo o el estado de la cuestión porque ya sabes qué resultados has obtenido.

5. Discusión

Debes escribir esta parte en quinto lugar porque acabas de terminar la introducción (en la que describías el panorama general de las investigaciones en tu campo de estudio) y ya tienes escritos los resultados. Ahora relaciona estos resultados con las investigaciones de otros investigadores y tendrás lista tu discusión.

6. Conclusiones

En penúltimo lugar te toca escribir las conclusiones. Te resultará más fácil ahora cuando ya tienes puestas por escrito las demás partes de tu trabajo.

7. Resumen (abstract)

Sea cual sea el método que elijas para escribir tu trabajo, no empieces a hacerlo por el resumen. Te costará mucho menos escribirlo cuando tengas las demás partes. Además, así será más coherente con todo tu trabajo.

3. Escribes y al mismo tiempo corriges

Grábatelo a fuego: **cuando escribas, no intentes al mismo tiempo corregirlo**. Entiendo que a veces es difícil, a mí todavía me cuesta no corregir mientras escribo, pero te aseguro que así es como uno se bloquea y no avanza. Porque empiezas a juzgar lo que estás escribiendo.

Si eres perfeccionista, resulta casi imposible callar esta voz interna que te dice que lo que escribes no tiene pies ni cabeza. Pero, créeme, justo ahora no importa si las frases son bonitas y elocuentes. Ya tendrás tiempo para cambiar y corregir lo que haga falta en el último paso de elaboración de tu TFG. Ahora tu objetivo es tener una primera versión de tu TFG con la que trabajarás y la que pulirás más adelante. Así que céntrate más bien en la organización lógica de tus ideas y no en la estructura de las frases.

4. Ves la escalera y no los peldaños

Cuando piensas que tienes que escribir tu TFG, no ves el final. Te parece un camino empinado, con una escalera que por su longitud podría servir de penitencia. Ves un proyecto enorme, te agobias, ves que el tiempo pasa y tú no avanzas, te entran mil miedos, te paralizas y no escribes nada. Entonces te das cuenta de que te queda un montón por hacer, te agobias, ves que el tiempo pasa... el circo empieza de nuevo, una pescadilla que se muerde la cola y que hace que te tires de los pelos. Pero el resultado siempre es el mismo: no escribes.

Para salir de este círculo vicioso tienes que dejar de centrarte en toda la escalera y fijarte solo en el próximo peldaño. En vez de agobiarte por cuánto te queda para llegar al final, pon toda tu atención en el peldaño que te toca subir ahora, luego en el siguiente, luego el otro, etc. Cuando te quieras dar cuenta, estarás arriba.

Si te toca escribir la introducción, por ejemplo, mira tu esquema y ve avanzando punto por punto. No pienses en el marco teórico ni en las conclusiones. Ya pensarás en ello cuando te toque. Ve paso a paso. Y recuerda: avanzarás más rápido con muchos pasos pequeños que con pocos pasos grandes.

5. Esperas al muso

La última razón por la que te bloqueas a la hora de escribir tu TFG es porque esperas al muso. Sí, has leído bien, al muso y no a las musas. El concepto no es mío, lo tomé prestado de Steven King quien en su libro *Mientras escribo* dice que aunque tradicionalmente las musas eran mujeres, el suyo es varón. Lo describe como un ser malhumorado y con el puro en la boca. Vamos, yo me lo imagino como un Torrente con alas y me hace mucha gracia, así que cambio las musas por el muso.

Bueno, el quid de la cuestión es que no esperes que el muso «baje revoloteando y esparza polvos mágicos creativos sobre tu ordenador» (como dice Steven King). Y si buscas la respuesta a la pregunta sobre cómo mantenerte motivado, sentirte lleno de energía y con ganas de escribir cada día, te la daré encantada: **no se puede**. Es imposible. La motivación es un estado de ánimo, una emoción y lo malo de las emociones es que dependen de las circunstancias que te rodean y suelen cambiar a lo largo del tiempo. Ya te he dicho que escribir el TFG no es cosa de una tarde y si esperas que vas a estar supermotivado y a tope de energía durante semanas, buena suerte.

Puede que pienses que el problema eres tú, porque la gente que ha redactado mil trabajos y se le da bien escribir siempre tiene ganas de ponerse. Crees que a los que nos gusta escribir nos sentamos entusiasmados delante del ordenador cada día y eso de llenar páginas es una fiesta que no para. Si piensas que siempre estamos deseando poner manos a la obra, te equivocas. Para escribir un texto largo necesitas disciplina y eso implica escribir aunque no te apetezca. Y si encima el TFG es tu primer trabajo de investigación, no sabes ni por dónde tirar y el tema no te apasiona demasiado, ya te lo digo yo: no te va a apetecer nunca. Así que no esperes al muso.

10 estrategias para que te pongas a escribir

Ya sabes cuáles con las razones más comunes por las que te bloqueas y no escribes. Ahora veamos qué puedes hacer para arrancar de una vez.

1. Escribe cada día

Tener que escribir durante semanas o meses se parece al trabajo de un escarabajo pelotero que con paciencia y disciplina amasa su bola de boñiga durante el tiempo que haga falta (no tengo ni idea cuánto tardan los escarabajos peloteros en formar la bola ni a qué distancia la transportan, je, je, pero la comparación es bastante visual). ¿Tú crees que este escarabajo se pregunta cada día si está motivado para seguir con la mierda?

Pues no. Empuja la bola y ya está. ¿Acaso tú decides si vas a ir a trabajar según la motivación que sientas cada mañana? Vas aunque no te apetezca. Ya sé que es más fácil ser disciplinado con el trabajo porque si no apareces, te despiden, pero no presentar el TFG en el plazo indicado también tiene su precio. Piensa en la segunda (o tercera) matrícula que es un pastón y, sobre todo, en el tiempo que perderás otra vez con lo mismo.

Por eso una de las mejores estrategias para avanzar con tu TFG es escribir cada día independientemente de que te sientas motivado o no. Aunque sea poco tiempo, 15-20 minutos, me da igual. Lo he probado con mi tesis, a la fuerza, porque cuando quise despertar me quedaba poco tiempo para presentarla en plazo, pero te aseguro que funciona. También la estoy practicando con este ebook y si no fuera por la disciplina de escribir cada día, no lo terminaría en la vida. Así que haz lo mismo y ponte a escribir tu TFG cada día aunque no te apetezca.

2. Divide y vencerás

Creo que ya te queda claro que escribir el TFG no es cosa de una tarde y sabes que tendrás que invertir unas cuantas semanas hasta que tengas lista tu primera versión. Las tareas a largo plazo suelen agobiar porque no ves el resultado de inmediato. También suelen traer problemas a la hora de calcular el tiempo que te queda para la fecha límite. ¿Te suena esto: al principio vas muy bien, tranquilo y con el tiempo de sobra para terminarlo todo y de repente la fecha límite de entrega es ya y tú todavía estás con la introducción?

Para no agobiarte, para llevar un control sobre cómo vas y estar seguro de que terminas a tiempo, divide el proceso de escritura de todo tu TFG en pequeñas tareas. Cuantas más pequeñas, mejor. Intenta hacerte un listado de 100 minitareas. Parece una burrada, pero inténtalo. No pongas *escribir introducción*, sino divídelo todavía más. Pon, por ejemplo, *describir el objetivo de la investigación* o *justificar el tema*, etc. El objetivo es trocear cada tarea en acciones que puedas completar en una hora o incluso en

15 minutos. Hazlo con todos los apartados de tu TFG y ya verás que te salen 100 minitareas seguro.

Deja tu listado en el sitio en el que te vas a poner cada día a escribir tu TFG. Cuando te toque ponerte, mira la lista, elige una minitarea, hazla y táchala del listado. Te sentirás muy satisfecho cuando cada día taches una tarea (o varias) y veas que cada vez te queda menos. Te aseguro que eso motiva un montón. Es como cuando en las pelis los prisioneros tachan en la pared de su celda los días que llevan cumpliendo la condena. Escribir el TFG es un suplicio, ya lo sé, pero las minitareas harán que tu «penitencia» sea más llevadera.

3. Comprométete a escribir solo 15 minutos

Cuando sientas la pereza y no te apetezca ni lo más mínimo escribir tu TFG, dite a ti mismo que te vas a poner solo 15 minutos. Ni uno más ni uno menos.

Este método tiene dos objetivos. El primero es combatir tu pereza. Cuando empiezas a buscarte mil cosas «urgentes» que hacer con tal de no ponerte a escribir (como limpiar el baño, planchar, ordenar el armario...), dile a tu cabeza que vas a escribir solo durante 15 minutos. Después, si sigues sin ganas, lo dejas. He probado este método y no te voy a mentir, no siempre vas a seguir. Habrá días malos en los que durante ese cuarto de hora serás capaz de escribir solo una frase mal hecha. Pero también habrá días buenos en los que cuando te quieras dar cuenta, llevarás escribiendo una hora. Al principio serán los que menos, pero si eres disciplinado y de verdad te pones, cada día se te dará mejor.

El segundo objetivo de este método es quitarte la excusa «es que no tengo tiempo». Sé sincero: cuando tienes 15 minutos, ni se te pasa por la cabeza sentarte a escribir el TFG, ¿verdad?

Encender el ordenador pa ná es tontería, ¿no? ¿Qué se puede hacer en 15 minutos? Hasta que no tengas una hora por lo menos (o dos), ¿para qué te vas a molestar? Pero, claro, no dispones de dos horas libres para ponerte a escribir. Es que no tienes tiempo. Pobrecito. Verás, no necesitas trabajar de forma continua durante horas. Te lo digo por experiencia. Si solo tienes 15 minutos, aprovéchalos.

Echa cálculos: 15 minutos cada día durante toda la semana son 105 minutos. Es más de una hora y media. Pero si lo multiplicas por 30 días son 3 150 minutos y esto son 52 horas y media. ¡52 horas que puedes dedicar a tu TFG en un mes aunque cada día tengas libre solo un cuarto de hora! Eso sí, tienes que ser constante. Y, créeme, es más productivo aprovechar esos 15 minutos cada día que prometerte que los fines de semana te vas a poner 4 horas seguidas.

No subestimes el poder de un cuarto de hora porque da para mucho. Siempre y cuando hayas planificado tu trabajo antes, claro. Por eso la lista de 100 minitareas del punto anterior te vendrá niquelada. Elige las tareas que puedas hacer en poco tiempo y haz una cada día. Ya verás como avanzas.

4. Elimina las distracciones

Cuando te sientes a escribir, apaga tu teléfono (o ponlo en modo avión), quita las notificaciones del Facebook y los avisos del email, apaga la tele, la radio y la música (a no ser que te ayude a concentrarte, en cuyo caso te aconsejo que te pongas música instrumental o que busques en Spotify playlistas tipo Intense Studying, Focus Music o Deep Focus).

Puede parecer un consejo obvio, pero ya que escribir cuesta (sobre todo cuando no tienes práctica o te sientes bloqueado), como no elimines estas distracciones, apuesto lo que quieras a que al final acabarás mirando Facebook o hablando por WhatsApp.

Otro problema de estar interrumpiendo tu trabajo es que cada vez que te distraes, tu cerebro necesita un tiempo para volver a concentrarse en la tarea que estabas haciendo. No me acuerdo cuánto tiempo necesita exactamente, pero por muy poco que sea es un tiempo que pierdes en enterarte por dónde ibas en vez de aprovecharlo para escribir. Si, por ejemplo, necesitaras un minuto, puedes pensar que es poco y que no vale la pena preocuparse por eso. Pero piensa a la larga, si en 15 minutos te distraes cinco veces, ya son 5 minutos que pierdes para volver a concentrarte (más el tiempo que has perdido viendo los gatitos en Facebook).

5. Focaliza

Si vas a escribir, dedícate solo a eso. No intentes hacer varias tareas a la vez porque no es productivo. Ya sabes que tu cerebro necesita un tiempo para «aterrizar» y centrarse. Si saltas de labor en labor, si ahora escribes, luego lees un artículo y luego vuelves a escribir, con cada cambio perderás el tiempo para que tu cerebro se centre en lo que le toca hacer ahora.

Así que focaliza y dedica tu tiempo a una sola tarea a la vez.

6. Escribe o no hagas nada

Es un truco que he aprendido de un blog sobre la productividad y la gestión del tiempo que es muy famoso en Polonia. La chica que lo escribe dice que cuando agendes una tarea y te toque hacerla, o la haces o no haces nada. Y con nada se refiere a nada.

Es decir, si has planificado que hoy de 17:00 a 17:30 vas a escribir tu TFG, o te sientas y escribes o no haces absolutamente nada. **Nada.** No puedes mirar el móvil ni leer ni ver la tele ni limpiar el baño ni hacer la compra. No haces nada. Durante esta media hora o escribes o miras el techo. Te aseguro que al cabo de unos minutos tendrás la sensación de que estás perdiendo el tiempo de forma absurda y te pondrás a escribir aunque sea para poner una frase.

7. No te fustigues

Todos tenemos días malos. De esos en los que según te levantas ya sabes que no vas a hacer nada productivo. O te levantas bien, pero a lo largo del día te suceden cosas que minan tu motivación y tu autoestima. En el trabajo tienes tanto curro que no te da tiempo ni a beber agua, tu jefe está de mal humor y lo paga contigo, al salir del cole tu hijo tiene una rabieta y camino a casa pillas el atasco de tu vida. Vamos, cuando llegas a casa lo único que te apetece es ver una temporada entera de *Juego de tronos* y olvidarte de la cena, de tus hijos y desde luego del dichoso TFG.

Cuando tengas un día de mierda, olvídate del TFG y no te fustigues. Si has planificado bien, has previsto días así y tienes margen. Así que no te comas la cabeza que no te has puesto y que deberías estar escribiendo. Relájate, haz algo que te guste, descansa y recarga las pilas para el día siguiente.

Ahora bien, hablo de días de mierda, no de días en los que te da pereza ponerte y eliges el *Juego de tronos*. A ver, si de vez en cuando decides pasar del TFG y hacerte un día de relax, no pasa nada. El problema empieza cuando por sistema cada día buscas una excusa para no ponerte. Entonces o escribes aunque no te apetezca o verás la cara de tu tutor el año que viene.

8. Prémiate por lo bien hecho

A la hora de escribir el TFG no todo tienen que ser penurias. Cada vez que completes alguna minitarea de tu lista o te pongas a escribir cuando planificaste ponerte, date un premio. Puede ser algo pequeño, como tomarte un café o una cerveza con amigos, ver una peli o un capítulo de tu serie preferida, comer un postre, darte un baño relajante, echarte una partida a la play (o Xbox), etc. Prémiate con lo que tú quieras, con lo que más te apetezca en este momento.

Al principio, cuando todavía dedicar tiempo a tu TFG no es un hábito integrado en tu día a día, prémiate por cada tontería que hagas. Date un capricho cada vez que te pongas o hayas completado una minitarea. Así te animarás y te motivarás para seguir trabajando. Más adelante, cuando escribir el TFG se convierta en una rutina, prémiate por logros más significativos (por ejemplo, cuando termines de escribir un capítulo entero o hayas leído toda la bibliografía).

Ahora, no te pases con los premios y no te tires toda la noche viendo una temporada entera de *Vikingos* o de juerga emborrachándote con tus amigos.

9. Si tienes dudas, pregunta

A veces te bloqueas porque no sabes cómo completar una determinada tarea. Entonces empiezas a agobiarte porque no encuentras la solución y lo único que sabes decirte es «No sé cómo hacerlo».

Cuando te repites constantemente «no lo sé», tu cerebro se da por vencido, pasa de buscar una respuesta y desconecta. Por lo cual entras en un bucle que potencia tu bloqueo y al final de tanta desesperación te tiras de los pelos o, peor, te pones en modo víctima. Pobrecito, qué injusta es la vida y cómo vas a sacar adelante tu TFG si nadie te ha explicado cómo solucionar tu problema y tu tutor no te hace caso.

En vez de perder el tiempo en agobiarte o compadecerte de ti mismo, pregúntate dónde podrías buscar la respuesta a tus dudas. A mí se me ocurre que podrías buscar en Facebook grupos sobre la elaboración del TFG de tu centro y preguntar allí todo lo que necesites. Te aseguro que si la gente sabe cómo ayudarte, te va a responder.

10. Comparte tu objetivo con alguien

Se trata de que te comprometas con tu TFG en público (por ejemplo, en un grupo de Facebook o que se lo digas a algún amigo). Se supone que compartir tu objetivo con alguien te ayuda a comprometerte porque sientes la presión de que si no cumples tu palabra, los demás sabrán que has vagueado.

Te voy a ser sincera: a mí esta técnica no me ha funcionado en la vida. Cuando escribía mi tesis doctoral, todo el mundo lo sabía y año tras año mis amigos, familiares y compañeros de trabajo me preguntaban si ya la había acabado, pero a mí me daba exactamente igual repetirles durante seis años que todavía estaba en ello. Vamos, que la presión social nunca me motivó para sentarme y trabajar con regularidad. Creo que incluso si hubiera tenido que comprometerme con la dichosa tesis en la tele delante de toda España, habría seguido vagueando.

Pero sé que hay personas a las que les ayuda compartir su objetivo con los demás, así que te lo comento por si eres una de ellas. Si este método te funciona, cógete un altavoz y proclama que (por decir algo) cada día de 17:00 a 18:00 te pondrás a escribir tu TFG. Todo sea por alcanzar tu objetivo y quitarte de encima el maldito trabajo.

Capítulo 33: Consejos para esta etapa

1. Escribe cada día

Ya te he dicho que vale la pena dedicar tiempo a tu TFG de forma sistemática, así que ponte cada día aunque sean 5 minutos. Si lo dejas y te pones solo una vez al mes, no sabrás ni por dónde ibas.

Cuando estaba escribiendo mi tesis doctoral, me bloqueé por completo y me costaba ponerme cada día. De hecho no lo hacía (si hubiera sido constante, probablemente no habría tardado 6 años en escribirla). Me ponía las pilas cada vez que recibía noticias de mi directora de tesis (que tenía una paciencia infinita). Pero, claro, a lo mejor de una sesión a otra pasaba un mes, o dos, o tres...

El problema era que cuando quería poner manos a la obra otra vez, ya no me acordaba qué quería decir ni cómo iba a plasmar mis ideas porque no había dedicado suficiente tiempo antes de ponerme a escribir para planificar toda la estructura con detalle. Conclusión: cada vez que me ponía a escribir perdía mucho tiempo en retomar el hilo y el planteamiento anterior.

No cometas este error. No pierdas el tiempo en revisar una y otra vez qué narices ibas a decir y cómo. Créeme, más vale ponerse 5 minutos cada día que cuatro horas seguidas cada mes. Además, si te pones cada día, crearás un hábito y la tarea de escribir será cada vez más fácil y agradable (y si no, por lo menos estarás cada día más cerca de quitarte el dichoso TFG de encima).

2. Haz la bibliografía según escribes

Dejarlo para el final es mi error favorito número dos (el primero es no tener apuntados los números de página para las citas y lo digo por experiencia).

Cuando te pones a escribir, piensas: «Voy escribiendo todo y cuando termine, tranquilamente (ja, ja, ja, ja) voy haciendo la bibliografía». Muy buena idea cuando eres una persona muy organizada y has planificado todo hasta tal punto que te sobra tiempo antes de las fechas límite de presentación del trabajo. Si es tu caso, pasa al punto siguiente.

Si no eres un maestro del orden y la planificación, sigue leyendo. Te cito mis pensamientos (en orden) relacionados con la bibliografía cuando escribía mi tesis doctoral:

1. Tranquilamente voy a hacer la bibliografía al final.
2. ¡Dios mío, que he mirado mal las fechas!
3. ¡Me cago en todo que no llego!
4. Uff, ya está todo.
5. ¡Joder, la bibliografía!

Más o menos fue así ;)

«Tranquilamente» hacer la bibliografía significa perder un día entero (y en caso de una tesis doctoral dos). En serio, ve apuntando las referencias de todos los libros, artículos, vídeos, películas, revistas (todo) que utilizas en tu trabajo a la vez que los mencionas.

3. Haz copias de seguridad

¿Qué idiota no guarda el documento más importante en su carrera universitaria (a ver, sin el TFG, TFM o la tesis no te dan el título) en un pendrive?

Yo.

Cuando escribía mi DEA (en el plan antiguo del doctorado era el trabajo con el que obtenías el Diploma de Estudios Avanzados que te permitía acceder a la fase final: la elaboración de la tesis), no hacía copias de seguridad del archivo. Se me nubló la mente, perdí momentáneamente mis facultades mentales, no lo sé. El caso es que lo tenía guardado solo en mi ordenador.

Un bonito día no sé qué pasó con Word y mi DEA se había ido a la mierda. Menos mal que fue cuando empecé a escribirlo. Fueron unas 20 páginas, pero sabes muy bien cuánto sufrimiento requiere a veces escribir una. Pues imagínate 20. Pude recuperar 12 páginas, pero todavía me acuerdo de aquel día.

He aprendido bien la lección. Cuando estaba escribiendo mi tesis, guardaba una copia en mi ordenador, otra en un pendrive, otra la subía al Dropbox y otra me la enviaba, por si acaso, a mi correo electrónico.

Mi consejo: haz lo mismo. **Guarda una copia de tu archivo cada vez que lo modifiques.**

Paso 4: Revisa y edita la versión final

Tu objetivo: Presentar tu TFG

¡Enhorabuena! Has llegado a la última etapa de la elaboración de tu TFG. Seguramente la etapa anterior te haya dejado fundido, pero estás contento porque por fin tienes escrito todo el trabajo. Parece que ya está hecho todo, ¿no?

Pues no. Siento aguarte la fiesta, pero tengo que decirte que todavía te queda un paso más. Es un paso del que muchos se olvidan, pero es imprescindible si quieres presentar un trabajo en condiciones. Todavía debes revisar y editar todo lo que has escrito para elaborar la versión final de tu TFG que presentarás en tu centro de estudios.

Si estabas escribiendo cada parte de tu TFG en diferentes archivos, ahora es el momento de juntarlo todo en un único archivo y revisarlo.

Lo peor ya está hecho, ya estás llegando a la meta, pero saca un poco de fuerzas para terminar bien lo que has empezado hace meses. Presentar un trabajo lleno de faltas ortográficas o gramaticales dejaría muy mala imagen de ti y en algunos casos (si eres alumno de Filología Hispánica, por ejemplo) incluso podría ser motivo para suspenderte.

Pero no se trata solo de revisar la gramática y ortografía. También tendrás que comprobar que las tablas o las figuras están enumeradas de forma correlativa, que has colocado bien las imágenes (si tu trabajo las requiere, claro) y que todo el trabajo sigue el formato que te exigen en la guía. Además, te tocará hacer el índice.

Ya sé que estás agotado, has pasado más de una noche en vela de los nervios por el dichoso trabajo, soñabas con autores, las normas APA te han amargado la vida, has pasado por muchos momentos de impotencia, tenías ganas de tirar la toalla unas mil veces y otras mil te has bloqueado. Pero te lo prometo que ya es el último empujón para entregar tu trabajo y terminar la carrera. Vamos, que tú puedes.

Capítulo 34: Problemas más comunes en esta etapa

Aunque parezca que revisar y editar tu trabajo no debería suponer ningún problema, cuando te pones con ello, te empiezan a surgir mil chorradas en las que no te habías fijado, pero tienes que solucionarlas y en realidad no sabes cómo.

Son dudas de última hora que pueden parecer una auténtica tontería, pero amargan mucho la existencia. Me refiero a cuestiones como:

* ¿Junto todas las partes en un único archivo? (¿En qué orden?)
* ¿Qué tamaño deberían tener las imágenes que voy a incluir en mi trabajo?
* ¿Cómo hago el índice?
* ¿Cómo paso de Word a PDF?

A todo esto se suman las dudas acerca de algún que otro error gramatical o de ortografía y si no sabes dónde buscar ayuda, otra vez estás que no duermes. Tranquilo porque para eso tienes este libro, para no agobiarte y terminar tu TFG con éxito. Así que vamos allá.

Cometes unas faltas de ortografía que tu tutor tiene ganas de arrancarse los ojos

Estarás de acuerdo conmigo en que presentar tu TFG lleno de faltas de ortografía no es una buena idea, así que si sueles escribir con unas faltas garrafales, no hay duda de que tienes un problema. Me dirás que Word tiene una función estupenda de autocorrección, pero lamento decirte que esta función no corrige todos los errores.

Como ya te he dicho, entregar un trabajo lleno de faltas puede tener consecuencias mucho más graves que dejar una mala imagen. En algunos casos puede significar llevarse un suspenso como una casa. Y ya te vale suspender el TFG solo por no haberlo revisado antes de entregarlo.

Ya sé que a estas alturas te entran ganas de vomitar cada vez que piensas en tu TFG, odias el tema de tu trabajo y no entiendes cómo hace meses te parecía el asunto más interesante del mundo, pero hazme caso y dedica un rato a leer todo el texto en busca de faltas (por lo menos las más gordas). Para facilitarte la tarea más adelante te daré la solución a las 10 dudas más comunes que suelen aparecer cuando escribes un trabajo académico.

No sabes cómo quitar el peso de las fotos

Es muy probable que a la hora de subir el TFG a la plataforma tu archivo no pueda superar un tamaño determinado y si tienes varias fotos, te pasarás porque las fotos pesan mucho. La solución es muy fácil. Basta con reducir el tamaño de estas fotos, o sea, comprimirlas. El problema es ¿cómo?

El índice te quita el sueño

Conozco casos en los que hacer el índice se ha convertido en una auténtica pesadilla. Probablemente será lo último que hagas y pobre de ti si intentas hacerlo a mano. Con decir *a mano* me refiero a que coges los títulos de los capítulos (con sus respectivos subtítulos) y los vas pegando en una página llamada Índice para luego poner una línea entera de puntos que termina con el número de página (algo así: Introducción .... 3).

Y luego, por supuesto, repites el procedimiento con las tablas y las figuras, ya que también deben estar listadas en sus respectivos índices.

Hacer el índice así es muy divertido. Sobre todo si necesitas añadir o quitar algo, se te mueven todos los números de página y tienes que ir comprobando y corrigiendo cada posición del índice una por una. En caso de un TFG la tarea es bastante molesta, pero imagínate que tienes que hacer el índice de una tesis doctoral de 400 páginas. Diversión a tope, vamos. ¿La solución?

Te la doy más adelante.

No sabes pasar tu archivo Word a PDF

La última duda (¡ojo!, hablamos de la última, ha llegado el momento tan deseado y acabas el TFG) suele ser: ¿cómo paso de Word a PDF?

El problema surge porque, como es lógico, escribes tu TFG en Word, pero luego tienes que subirlo en formato PDF. Si todavía no sabes hacerlo, ya verás qué fácil.

Capítulo 35: 10 dudas más comunes que te asaltan cuando escribes un trabajo académico

En el listado que te he preparado a continuación no voy a resolverte dudas tipo *tube* o *tuve* porque son casos obvios, te los suele corregir el Word y además tienes diccionarios para consultar estas cosas. Se trata de dudas menos obvias y no te van a suspender el trabajo por ellas, pero son bastante comunes y suelen suscitar cierta confusión. Para que no pierdas tiempo buscando qué hacer cuando te topes con alguna de ellas, allá van las soluciones.

1. ¿Sólo o solo?

Para empezar tengo una buena noticia: en el año 2010 la Real Academia Española en su *Ortografía de la lengua española* decidió que es preferible prescindir de la tilde en la palabra *solo*, tanto cuando es adverbio como cuando es adjetivo.

Eso quiere decir que desde hace unos cuantos años ya puedes escribir *solo* sin la tilde tanto en la frase *Esta tienda abre solo de lunes a viernes* como en *Javi estuvo solo en casa todo el día*. La RAE se tiró el rollo y asegura que puedes prescindir de la tilde incluso en casos de doble interpretación: *Trabaja solo los domingos* (trabaja sin compañía los domingos) o *Trabaja sólo los domingos* (trabaja solamente los domingos).

Pero todavía hay más. También se acabó comerse la cabeza por los demostrativos *este, ese* y *aquel,* con sus femeninos y plurales, funcionen como pronombres (*Este es tonto y aquella muy lista*) o como determinantes (*Este chico es tonto y aquella chica muy lista*). ¿A que mola?

2. ¿Cómo hago las listas?

Cuando haces una enumeración en forma de lista, sueles preguntarte dos cosas: (1) ¿cada elemento de la relación se escribe en mayúscula o en minúscula? y (2) ¿al final de cada elemento pongo coma, punto o no pongo nada? Te respondo ahora mismo: depende.

Si los elementos de tu lista son simples (una o dos palabras) los escribes en minúscula y tienes dos opciones. O cierras cada uno de los conceptos con coma, excepto el último que se cierra con punto, por ejemplo:

Roman Jakobson distingue seis funciones del lenguaje:

1. expresiva,
2. fática,
3. conativa,
4. referencial,
5. poética,
6. metalingüística.

O al final de cada elemento no pones nada, por ejemplo:

Roman Jakobson distingue seis funciones del lenguaje:

1. expresiva
2. fática
3. conativa
4. referencial

5. poética

6. metalingüística

Cuando los elementos de la lista son más largos o tienen puntuación interna, los escribes en minúscula, pero al final de cada uno pones punto y coma (excepto el último que lo cierras con punto):

En caso de ola de calor, conviene seguir las siguientes recomendaciones:

- no salir a la calle en las horas más calurosas del día;
- cubrirse la cabeza con un sombrero, un pañuelo o una gorra;
- beber bastante agua aunque no tengas sed;
- evitar el alcohol, las bebidas con cafeína y las comidas calientes;
- comer más frutas y verduras.

Por último, cuando tu lista se compone de elementos muy largos (frases enteras), escríbelos en mayúscula y cierra cada elemento con punto:

Para definir las realizaciones lingüísticas en el marco del continuo concepcional hablado/escrito, Koch y Oesterreicher centran la atención, entre otros, en los siguientes aspectos:

a) Grado de publicidad, es decir, el carácter más o menos público de la comunicación, para el que son relevantes el número de interlocutores (desde el diálogo entre dos hasta la comunicación de masas), así como la existencia de público y sus dimensiones.

b) Grado de familiaridad entre los interlocutores, que depende de la experiencia comunicativa conjunta previa, del conocimiento compartido, del grado de institucionalización de la comunicación, etc.

c) Grado de implicación emocional, que puede estar regida por el interlocutor (afectividad) y/o por el objeto de la comunicación (expresividad).

El ejemplo proviene de *Lengua hablada en la Romania: español, francés, italiano*, de Peter Koch, Wulf Oesterreicher. Gredos, Madrid, 2007, pp. 26-27.

Como ves, da igual si para introducir cada elemento de tu lista utilizas letras, números o boliches. Lo que importa es la longitud de cada elemento.

3. ¿Qué hago si tengo que poner comillas dentro de comillas?

Me refiero al caso en el que citas un fragmento corto entre comillas y dentro de tu cita hay otro fragmento también entre comillas. Muchas veces ambas comillas de cierre se juntan al final del fragmento y entonces te surge la duda qué hacer: ¿ponerlas dos veces o solo una?

La solución a este problema se obtiene utilizando dos tipos de comillas distintos. En los textos impresos se utilizan las comillas españolas, también llamadas latinas o angulares, que son estas: « ». Las puedes encontrar en Word en *Insertar* y luego *Símbolo (Ω)*. Se te desplegará una lista y podrás buscar estas comillas allí.

Entonces, cuando te encuentres con el caso de comillas dentro de comillas, utiliza las comillas españolas para todo el fragmento que citas y las comillas inglesas (que son las de toda la vida: " ") para encerrar el texto citado dentro de tu cita.

Te pongo un ejemplo que vale más que toda esta parrafada y con el que me entenderás enseguida:

Pattanayak, en su estudio «La cultura escrita: un instrumento de opresión», considera exageradas y creadoras de teorías opresivas atribuciones como las de Olson quien afirma que «la cultura escrita cumplió un papel decisivo en el desarrollo de lo que podríamos llamar la "mentalidad moderna"».

¿Ves las dos comillas de cierre al final de la cita? Me refiero a casos así. Pues ya sabes qué hacer.

4. ¿Socio-cultural o sociocultural, árabe-israelí o arabeisraelí?

Hablemos del dichoso guion (por cierto, ahora también se escribe sin tilde). Cuando te toca unir dos adjetivos —en palabras como *literatura infantil-juvenil, análisis léxico-semántico, centro sociocultural, conflicto árabe-israelí*— empiezas a dudar: ¿pongo el guion o no? Buscas en Internet y dos horas después estás igual de perdido porque encuentras de todo. Pues aclaremos el asunto de una vez por todas.

Lo que es seguro es que o pones el guion o lo escribes junto. En español es incorrecto escribir estos dos adjetivos separados (*literatura infantil juvenil, análisis léxico semántico, centro socio cultural* o *conflicto árabe israelí* no existen). Ahora, la gran pegunta es ¿pongo el guion o lo escribo junto?

En la mayoría de los casos es necesario utilizar el guion. Pero muchos adjetivos cuentan con formas modificadas terminadas en *-o* por lo que, si utilizas estas formas, puedes escribirlo junto. Se trata de formas como *arabo-* (por árabe), *buco-* (por bucal), *maxilo-* (por maxilar), *socio-* (por social), *morfo-* (por morfológico), *psico-* (por psicológico), etc.

Dependiendo de qué forma del adjetivo utilices, podrás escribir tu palabra con o sin guion. Por ejemplo, árabe-israelí, *bucal-dental, maxilar-facial, social-cultural*, pero *araboisraelí, bucodental, maxilofacial, sociocultural*.

Vale, ¿y qué hacemos con *léxico-semántico*? Cuando la variante del adjetivo en -*o* coincide con su forma plena (como en caso de *léxico, físico, palestino, artístico, histórico*, etc.), puedes escribirlo con o sin guion, pero es preferible la forma con guion: *léxico-semántico, físico-químico, palestino-israelí, artístico-cultural, histórico-cronológico.*

5. ¿Con mayúscula o con minúscula?

El eterno dilema que te asalta en el momento menos esperado: ¿esto se escribe con mayúscula o con minúscula? Y con *esto* por supuesto no me refiero a palabras como *Ana, Madrid, Sierra Nevada* o *Cervantes.*

El circo empieza cuando te topas con nombres de ministerios, leyes, tiendas, marcas comerciales o cuando al lado de la palabra *Mediterráneo* aparece *mar*, al lado del *Pacífico, océano* o junto a *Estados Unidos, los*. Hay una confusión generalizada con dones y doñas, señores y señoras, santos, ministros, papas, duques y arzobispos. También te lo pasas pipa con estilos artísticos, periodos prehistóricos e históricos, guerras, revoluciones, enfermedades, etc.

Sobre el uso de mayúscula y minúscula se han escrito ríos de tinta y lo mejor que puedes hacer es consultar la *Ortografía de la lengua española* o el *Diccionario panhispánico de dudas* (*DPD*) en este enlace: http://lema.rae.es/dpd/. En el cuadro de búsqueda pon *mayúsculas* y te saldrán todas las normas y recomendaciones de la RAE.

No te preocupes, no me voy a quedar tan pancha soltándote el libro y el enlace y ya está. A continuación te resolveré las dudas más comunes.

Nombres propios en general

Ya te han dicho que los nombres propios se escriben con mayúscula. Sin embargo, hay casos en los que no estás seguro. Uno de estos casos es cuando un nombre común funciona como nombre propio. Si no sabes si escribirlo con mayúscula o no, la respuesta es clara: si este nombre común funciona como nombre propio, se escribe con mayúscula.

Así que pondrás *el Libertador* (por Simón Bolívar), *el Estrecho* (por el estrecho de Gibraltar), *la Península* (por el territorio peninsular español), *la Academia* (por la Real Academia Española). Te has fijado en que el artículo va con minúscula, ¿verdad?

Sin embargo, cuando el término que sustituye el nombre propio es metafórico o descriptivo (es decir, largo), lo pondrás con minúscula: *la bota* (por la península italiana), *el manco de Lepanto* (por Cervantes) o *la ciudad de los canales* (por Venecia).

Otras veces pasa al revés y el nombre propio funciona como nombre común. En estos casos lo escribes con minúscula. Por ejemplo *tomarse un rioja, ser un judas, una celestina* o *un quijote*.

Los nombres propios suelen escribirse sin artículo (*el, la, los*), salvo cuando se exija su presencia, entonces el artículo va en minúscula. Sin embargo, hay nombres propios que incorporan el artículo como parte fija e indisociable de la denominación y en estos casos el artículo se escribe con mayúscula: *Me gusta leer El País*; *El año pasado estuve en El Salvador*; *Me gusta mucho La Haya*; *Estuve de vacaciones en Las Palmas*; *Disfruté de mi viaje a Las Vegas*.

Ojo: en estos casos cuando el artículo *el* se escribe con mayúscula, no debes juntarlo con las preposiciones *a* o *de*, por ejemplo: *la portada de El País, un viaje oficial a El Salvador*.

Personas

Los nombres y apellidos se escriben con mayúscula. Los apodos (*la Faraona*), los sobrenombres (*Alfonso X el Sabio*) y los seudónimos (*Azorín, el Pobrecito Hablador*) también.

Ahora, los tratamientos, los títulos y los cargos se escriben con minúscula. Por ejemplo: *don Arturo, doña Cristina, fray Luis de León, sor Ángela de la Cruz, santo Tomás, san Ildefonso, señor Gómez, doctor Martínez, rey Alfonso XIII, reina Victoria, papa Francisco, duque de Palma, presidente del Gobierno, general Martínez Campos, ministra de Defensa* o *director general de la ONCE.*

Nombres latinos de especies y subespecies de animales y plantas

El primer componente de estos nombres (el género) se escribe con mayúscula, mientras que el segundo (la especie) y el tercero (la subespecie) se escriben con minúscula: *Pinus pinaster, Felis silvestris catus, Homo sapiens.* Estos nombres científicos, además, se escriben en cursiva.

Nombres propios geográficos

Se escriben con mayúscula, pero si los acompañan palabras comunes (como mar, lago, océano, río, sierra, golfo, isla, etc.) estos se escriben con minúscula: *el mar Mediterráneo, el lago Titicaca, el océano Pacífico, el río Amazonas, la sierra de Gredos, el golfo de México, las islas Galápagos.*

Sin embargo, si este nombre común forma parte inherente del nombre propio geográfico, entonces se escribe con mayúscula. Se trata de casos como, por ejemplo, *Sierra Nevada, Sierra Morena, los Picos de Europa, las Montañas Rocosas, la Selva Negra, Río de la Plata, Cabo Verde.*

Calles

Es un error muy común escribir las palabras *calle, plaza, avenida, paseo* con mayúscula cuando en realidad deben ir en minúscula: *la calle Mayor, la plaza Mayor, la avenida de Andalucía, el paseo de Recoletos.*

Leyes y documentos oficiales

Se escriben con mayúscula todos los elementos significativos (o sea, sustantivos o adjetivos) que forman parte del título de leyes o documentos oficiales.

Por ejemplo: *el Tratado de Versalles*; la Carta de las Naciones Unidas, el Acuerdo de Schengen; *la Convención de Ginebra; la Declaración Universal de los Derechos Humanos; Código Civil; Acta Única Europea; Ley Orgánica 15/1999, de 13 de diciembre, de Protección de Datos de Carácter Personal; Real Decreto Legislativo 5/2015.*

Pero si el título de la ley es muy largo, se escribe en mayúscula solo el primer elemento, y los demás en minúscula: *Ley 17/2005, de 19 de julio, por la que se regula el permiso y la licencia de conducción por puntos y se modifica el texto articulado de la ley sobre tráfico, circulación de vehículos a motor y seguridad vial.*

Cuando utilices la mención abreviada, debes mantener la mayúscula: *El informe debe ser redactado de acuerdo con la Ley 17/2005.*

Movimientos artístico-culturales, estilos, escuelas, géneros artísticos y movimientos políticos

Los grandes movimientos artísticos y culturales, como *el Renacimiento, el Barroco, el Romanticismo,* etc., deben escribirse con mayúscula.

En cambio, los estilos o las escuelas propios de disciplinas artísticas concretas deben escribirse con minúscula: *gótico, románico, modernismo, cubismo, realismo mágico, surrealismo, vanguardismo,* etc.

Los géneros artísticos también se escriben en minúscula: *el cine de terror, la novela negra, la novela pastoril, la pintura abstracta,* etc.

También con minúscula debes escribir los movimientos o tendencias políticas o ideológicas como: *comunismo, socialismo, neoliberalismo, peronismo, franquismo,* etc.

Periodos prehistóricos e históricos

Las palabras *prehistoria* e *historia,* en frases como *La aparición de la escritura marcó el paso de la prehistoria a la historia,* se escriben en minúscula.

En cambio, los nombres de los periodos de la prehistoria y la historia se escriben con mayúscula: *el Paleolítico, el Neolítico, la Edad de Piedra, la Antigüedad, la Alta Edad Media, el Siglo de las Luces, la Edad Contemporánea,* etc.

Acontecimientos históricos

Los acontecimientos históricos que suelen dar nombre a determinados periodos históricos se escriben con mayúscula: *la*

Reconquista, el Cisma de Occidente, la Contrarreforma, la Gran Depresión, la Primavera de Praga, la Revolución Industrial (pero *la Revolución francesa, la Revolución mexicana*), etc. Cuando un determinado acontecimiento es más descriptivo, escríbelo en minúscula (excepto los nombres propios que exijan la mayúscula): *la caída del Imperio romano, el descubrimiento de América, la toma de Bastilla, el desembarco de Normandía, la conferencia de Yalta*, etc.

Cuando se trata de guerras, la palabra *guerra* se escribe con minúscula y el nombre de la guerra con mayúscula: *la guerra de los Cien Años, la guerra de la Independencia, la guerra del Golfo, la guerra de los Seis Días*, etc.

En el caso de los dos conflictos mundiales, se ha fijado escribir todos los elementos con mayúscula: *Primera Guerra Mundial* (o *I Guerra Mundial*) y *Segunda Guerra Mundial* (o *II Guerra Mundial*).

La expresión *la Guerra Civil* a secas se puede escribir con mayúsculas, pero *la guerra civil española* se escribe con minúsculas.

Enfermedades

Las enfermedades y dolencias se escriben en minúscula: *gripe, esquizofrenia paranoide, parálisis cerebral, sida, cáncer, diabetes*, etc.

Las enfermedades o síndromes que incluyen el nombre propio de su descubridor o investigador mantienen la mayúscula en el nombre propio: *la enfermedad de Alzheimer, enfermedad de Parkinson, síndrome de Down, mal de Chagas*. Pero cuando el nombre propio pasa a designar solo la enfermedad, se escribe con minúscula: *Su padre tenía párkinson; Su abuela tenía alzhéimer* (fíjate también en las tildes).

Marcas comerciales

Debes escribirlas con mayúscula: *No me gusta el último anuncio de Coca-Cola*; *Me encanta el nuevo Toyota*; *El iPhone que llevaba no era suyo*; *¿Cuánto te han costado estos Manolo Blahnik?*; *Le regaló un Porsche de segunda mano*; *Búscalo en Google*; *Acabo de escribirle por Facebook*.

6. ¿Exministro, ex ministro o ex-ministro? ¿Anticancerígeno, anti cancerígeno o anti-cancerígeno?

La respuesta a estas preguntas es muy sencilla. Solo la primera opción es correcta.

Es decir, todos los prefijos tipo (por poner algunos) *anti-*, *co-*, *contra-*, *ex-*, *extra-*, *vice-*, *pre-*, etc., se escriben pegados a la palabra que los acompaña. Así que debes escribir: *anticancerígeno*, *antimafia*, *coguionista*, *copropietario*, *contraoferta*, *contraorden*, *exmarido*, *exministro*, *extrauterino*, *extrafino*, *viceministro*, *vicepresidente*, *premamá*, *prepago*.

Ahora bien, hay dos situaciones en las que los prefijos se escriben con guion o separados de la palabra que los acompaña:

1. Se unen **con guion** cuando la palabra que los acompaña empieza por mayúscula (o sea, es una sigla o un nombre propio) o es un número. Así que se escribe *anti-Mussolini*, *anti-OTAN*, *mini-USB*, *sub-21*.

2. Se escriben **separados** de la palabra que los acompaña cuando esta palabra está formada por varias palabras. Por ejemplo, se escribe *exministro*, pero *ex primer ministro*, *ex alto cargo*, *anti pena de muerte*, *pro derechos civiles*, etc.

7. ¿Los CDs o los CD's? ¿Las ONGs o las ONG's?

Ni una cosa ni la otra. Lo correcto es *los CD* y *las ONG*. ¿Por qué? Porque se trata de siglas.

Las siglas son signos lingüísticos formados por las letras iniciales de cada uno de los términos que los componen: *CD* (por *compact disc*), *ONG* (por *organización no gubernamental*), *DNI* (por *documento nacional de identidad*), *PC* (por *personal computer*) u *ONU* (por *Organización de las Naciones Unidas*), etc.

Para marcar su uso en plural, la regla es sencilla: las siglas deben conservar la misma forma, así que marca su plural solo a través de algún determinante. Por ejemplo: *algunos CD*, *varias ONG*, *vuestros DNI* o *los PC*.

8. ¿Π = 3,14 o Π = 3.14?

Es decir, ¿para marcar decimales se utiliza el punto o la coma?

Da igual siempre y cuando optes por una opción y a lo largo de todo el trabajo utilices la misma. Si eliges la coma, pues siempre utiliza la coma y si te gusta más el punto, siempre pon el punto, pero no mezcles las dos cosas.

Ahora bien, el punto o la coma se usan para separar los decimales, no para agrupar de tres en tres los dígitos de un número de más de cuatro cifras. Me refiero a casos como, por ejemplo: *Madrid tiene una población de 6.543.031 habitantes*. No hagas eso.

Si quieres separar un número largo en grupos de tres dígitos, pon entre ellos un espacio en blanco: *Madrid tiene una población de 6 543 031 habitantes*.

9. ¿La evaluación empezó a las 13:30 o a las 13.30?

Cuando se trata de la hora, el dilema es: ¿el punto o los dos puntos?

Una vez más, da igual. Pero elige una forma y se consecuente a lo largo de todo tu trabajo.

Es sí, no utilices la coma. Poner *La evaluación empezó a las 13,30* es incorrecto.

10. ¿Y para escribir los años?

Te voy a dar dos reglas para evitar dos errores muy comunes.

Primera: nunca escribas los años con punto.

Es incorrecto escribir *1.992, 2.010, 2.017*. Los años se escriben sin ningún signo ni espacio en blanco entre sus dígitos, todo pegado: *1992, 2010, 2017*.

Segunda: no copies fórmulas del inglés para expresar décadas.

Es decir, no pongas cosas como: *los 30s* o *los 30's*. Lo correcto es *los 30* (o *los años 30, la década de los 30*).

Capítulo 36: 2 formas supersencillas para reducir el peso de las imágenes

Conozco dos formas muy muy sencillas con las que podrás quitar el peso de tus fotos. No te preocupes si no tienes ni idea de informática y eres un negado con los ordenadores porque de verdad es muy fácil y tardas un minuto.

1. TinyPNG

TinyPNG (tinypng.com) es una aplicación web con la que podrás comprimir tus fotos en un plis. Funciona online, así que no hace falta que te instales ningún programa en tu ordenador.

Lo único que tienes que hacer es directamente subir tus fotos a esta aplicación y ya está. La aplicación comprimirá tus fotos de forma automática y te dará la opción de descargar las fotos comprimidas a tu ordenador o guardarlas en el Dropbox. Una gozada.

Si tienes muchas fotos, no hace falta que las vayas subiendo una a una. TinyPNG te permite subir hasta 20 fotos de una sola vez, con un peso máximo de 5 MB cada una. Además, pueden ser fotos en formato tanto .png como .jpg. De verdad, más sencillo imposible.

2. RIOT

La segunda forma de comprimir tus fotos es un poco más complicada, pero, vamos, tampoco hace falta ser un lumbreras para hacerlo. Se trata de un pequeño programa gratuito para Windows llamado RIOT (Radical Image Optimization Tool).

A diferencia de TinyPNG, que es una aplicación que funciona online, RIOT es un programa, por lo que tienes que instalarlo en tu ordenador. No es muy complicado, palabra, pero si no quieres entretenerte o no vas a utilizarlo nunca más, tranquilamente puedes reducir tus fotos con TinyPNG.

Una vez instalado el programa lo abres y verás que tiene dos ventanas. La de la izquierda se llama *Initial image* y la de la derecha *Optimized image*. Pues solo tienes que coger y soltar la imagen que quieres comprimir en la ventana izquierda. Abajo tienes una barra llamada *Quality* en la que puedes ir reduciendo o aumentando la reducción. En la ventana derecha vas viendo cómo va a quedar tu foto a medida que aplicas las modificaciones. Una vez que tu foto esté lista, le das a *Save* y guardas la foto en el ordenador.

Puede parecer complicado, pero, créeme, no lo es. De todas formas, como te he dicho, si vas a utilizar este programa solo para reducir las fotos de tu TFG, no te compliques y hazlo con TinyPNG.

Capítulo 37: Cómo crear el índice de tu TFG con un clic

La respuesta más sencilla es: busca en Internet un tutorial sobre cómo hacer un índice automático en Word.

Sí, la gran noticia es que Word te permite crear y actualizar tu índice de forma automática, así que no tendrás que revisarlo todo cada vez que hagas un cambio. Con un clic el índice se actualizará solo. Tardas un poco en hacerlo (aunque mucho menos que de forma «picar piedra»), pero vale la pena.

No voy a describirte aquí cómo hacerlo porque sería repetir una información que ya está superbién explicada en Internet por gente que sabe de esto bastante más que yo. Así que es mucho mejor que te busques un vídeotutorial en YouTube (que los hay a montones) y vayas haciendo tu índice según te explican paso por paso qué tienes que hacer. Y, por cierto, también puedes crear índices automatizados de tablas y figuras (¡yujú!).

Solo voy a aclarar una cosa en cuanto al índice de las tablas que a veces causa confusión. Cuando una tabla empieza en una página y termina en otra, algunos se preguntan qué poner en el índice: ¿solo la primera página o las dos? Pues solo la primera. Es igual que el resto de los capítulos de tu trabajo. Un capítulo empieza en una página y luego sigue en varias, pero en el índice solo pones la página en la que empieza, ¿verdad? Pues con las tablas se hace lo mismo.

Capítulo 38: Convierte tu archivo Word en PDF en un segundo

Sí, no vas a tardar más de un segundo en hacerlo. Solo tienes que seguir estos tres sencillos pasos:

1. Abre tu archivo Word.
2. Pincha en *Archivo* y luego en *Guardar como*:

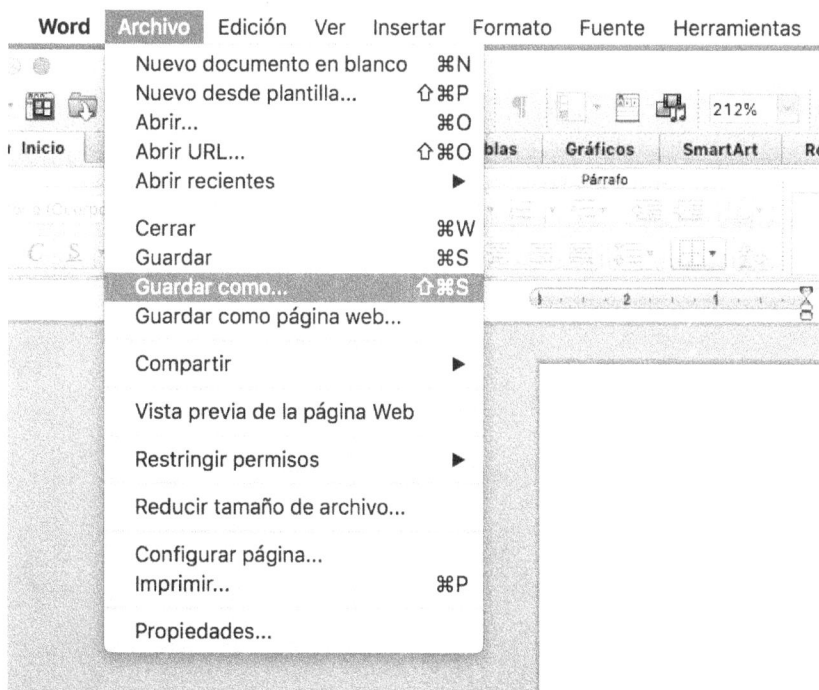

3. Indica dónde quieres guardar el archivo y debajo de *Nombre de archivo* en *Tipo* elige la opción PDF:

Documento1

Revisar

AaBbCcDdE(A

Normal

Guardar como: Documento1

Etiquetas:

Ubicación: ☂ huejeje

Format ✓ Documento de Word (.docx)

Descripción

Formato basado en XML en
código de macro VBA.

Más información sobre form

Opciones...   Inform

Formatos comunes

Documento de Word 97-2004 (.doc)
Plantilla de Word (.dotx)
Plantilla de Word 97-2004 (.dot)
Formato RTF (.rtf)
Texto sin formato (.txt)
Página Web (.html)
PDF

Formatos especiales

Documento de Word con macros habilitadas (.docm)
Plantilla de Word con macros habilitadas (.dotm)
Documento XML de Word (.xml)
Documento XML de Word 2003 (.xml)
Archivo web de una sola página (.mht)
Diseño de fondo de documento de Word (.doc)
Compatible con Word 4.0-6.0/95 (.rtf)

bCcDdEe   Aa

Cita   Cit

14

o se puede guardar el

ibilidad

celar   Guardar

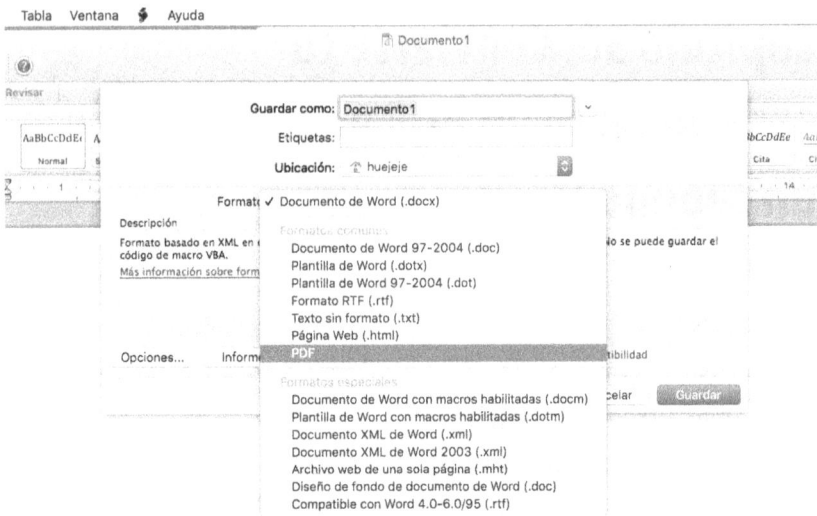

Ya está. No necesitas buscar ningún programa especial para convertir un archivo Word en PDF. El propio Word te permite guardarlo en formato PDF.

Capítulo 39: Consejos
para esta etapa

1. Comprueba que la extensión de tu TFG es la que te exigen en la guía

En la guía de elaboración del TFG te indican cuántas páginas debe tener tu TFG y si los anexos cuentan o no. Lo más común es que te exijan entre 30 y 50 páginas, incluidos los gráficos, las tablas, las imágenes y la bibliografía. Los anexos no suelen contar, aunque debes hablarlo con tutor.

Recuerda: no te fíes de lo que acabo de decirte porque puede ser que en tu centro te exijan una extensión diferente. **Siempre consulta la guía** (o pregunta a tus compañeros) y asegúrate de que tu trabajo cumple los requisitos oficiales.

2. Comprueba que tu TFG tiene una estructura y un formato adecuados

De nuevo te toca consultar la guía. Lo más común es que la estructura de tu trabajo incluya la portada (el modelo te suele venir en la guía), el resumen, el índice paginado, la introducción, el desarrollo dividido en capítulos, la conclusiones y la bibliografía final.

Pero, por favor, consulta la guía y antes de subir tu TFG comprueba que contiene todas las partes necesarias.

En cuanto al formato, comprueba:
- el tipo de interlineado (sencillo o 1,5)
- el tamaño y el tipo de la letra
- el tamaño de los márgenes
- el tamaño de la imágenes (por si acaso te exigen algún tamaño especial)

No hace falta que te repita que debes consultar la guía, ¿no?

3. Revisa las citas bibliográficas y la bibliografía final

En este libro no he hablado mucho de las citas ni de la bibliografía final porque prefiero recogerlo en un libro aparte. Me parece mejor hacerlo así por dos razones: (1) es un tema muy amplio (si se quiere desarrollarlo en condiciones, claro, y yo quiero hacerlo bien) y (2) voy a centrarme solo en el formato APA, así que todo este apartado tan amplio sobraría para los alumnos cuyos centros les exigen otro formato.

Explicado esto, te aconsejo que antes de enviar tu TFG compruebes que las citas y la bibliografía final tienen todos los datos necesarios. Los datos de las citas dentro del texto dependen del formato que te exijan (míralo en la guía o pregunta a tu tutor), pero casi siempre suelen ser autor, año de publicación y número de página (si viene al caso).

La bibliografía final debe incluir autor, año de publicación, título, nombre de la editorial, lugar de edición y número de página (si hace falta).

Ahora sí que sí: ¡enhorabuena por un trabajo bien hecho!

¿Ahora qué?

Espero que te sientas más aliviado y que el TFG ya no te parezca una misión imposible. Espero que te haya aportado suficiente claridad y herramientas útiles para que escribas tu trabajo sin agobios.

Ahora respira hondo y pasa a la acción:

- Hazte con la guía sobre el TFG de tu centro.
- Únete a un grupo de alumnos del TFG en Facebook.
- Planifica tu trabajo.
- Planifica tus días de descanso del maldito TFG y date un capricho.
- Recomienda este libro a un amigo.
- Echa un vistazo a los recursos útiles que encontrarás en el siguiente capítulo.
- No me hagas caso en todo; elige los consejos que te sirven y desecha los demás.
- Deja tu opinión de este libro en Amazon (me ayudará a llegar a más gente).
- Dime lo que piensas y pasa a saludarme en la página web: https://comohacertutfg.com/o escríbeme un correo electrónico a paulina@comohacertutfg.com
  ¡Suerte con tu TFG!

5 recursos útiles

1. Domina la Medicina

Su autora, Almudena, es médico otorrino y en su blog ayuda sobre todo a los estudiantes de Medicina, pero sus consejos son útiles para cualquier estudiante que quiera mejorar sus notas y recordar lo estudiado durante más tiempo.

En Domina la Medicina (http://dominalamedicina.com) aprenderás las técnicas de estudio más eficaces, cómo utilizarlas en tus repasos y cómo mejorar tu organización.

2. Conceptos claros

Un blog muy útil para aprender estadística aplicada (https://conceptosclaros.com). Jordi, te explicará los conceptos estadísticos fundamentales, cómo captar la metodología de análisis de datos y aplicar la metodología con un software estadístico. Para mí es un mundo paralelo completamente indescifrable, pero para quien tenga que lidiar con la estadística este blog le puede venir de perlas.

3. NeoScientia

Es el blog de Pedro Margolles en el que explica a los investigadores cómo mejorar sus habilidades y hacer mejores trabajos (http://www.neoscientia.com).

Allí encontrarás información y consejos prácticos relacionados con la revisión bibliográfica, la metodología de la investigación, la redacción científica, la publicación y la divulgación de tus trabajos de investigación.

4. APA Style Blog

El blog de la Asociación Estadounidense de Psicología (o sea, American Psychological Association [o sea, APA]). Si sabes inglés, es una mina de oro para todas tus dudas acerca de cómo citar en formato APA (http://blog.apastyle.org). Allí te explican cómo citar todo. Y cuando digo *todo*, me refiero a absolutamente todo, incluso blogs, publicaciones o comentarios de Twitter, Facebook o YouTube, ebooks, leyes, bases de datos, etc.

También te aclaran las normas de estilo y de publicación. Y mola porque, ya que es un blog, responden a las preguntas y comentarios.

5. Los pasos para saber cómo hacer un buen trabajo de investigación

Una lista de reproducción de 10 vídeos del canal de YouTube de Jaume Josa en los que te explica de forma muy amena y clara en qué consiste y cómo llevar a cabo un trabajo académico (https://www.youtube.com/playlist?list=PLIwG6mozP_TUU_m3zCotNJzMyWgkN1tLM).

Gracias

A los lectores de mi antiguo blog. Por vuestros comentarios, preguntas y palabras de agradecimiento.

A Mariana Eguaras, de <u>marianaeguaras.com</u>, por la maquetación de este libro.

www.ingramcontent.com/pod-product-compliance
Lightning Source LLC
Chambersburg PA
CBHW071733270326

41928CB00013B/2664